中央财经大学学术著作出版资助

我国制造业空间变化研究

——制度变迁的视角

高菠阳　著

中国财经出版传媒集团

经济科学出版社

Economic Science Press

图书在版编目（CIP）数据

我国制造业空间变化研究：制度变迁的视角/高菠阳著．
—北京：经济科学出版社，2019.7
ISBN 978 - 7 - 5141 - 9578 - 1

Ⅰ.①我…　Ⅱ.①高…　Ⅲ.①制造工业－工业发展－
研究－中国　Ⅳ.①F426.4

中国版本图书馆 CIP 数据核字（2018）第 172907 号

责任编辑：刘　莎
责任校对：王肖楠
责任印制：邱　天

我国制造业空间变化研究
——制度变迁的视角
高菠阳　著

经济科学出版社出版、发行　新华书店经销
社址：北京市海淀区阜成路甲 28 号　邮编：100142
总编部电话：010 - 88191217　发行部电话：010 - 88191522
网址：www. esp. com. cn
电子邮件：esp@ esp. com. cn
天猫网店：经济科学出版社旗舰店
网址：http. //jjkxcbs. tmall. com
北京密兴印刷有限公司印装
710 × 1000　16 开　15.25 印张　240000 字
2019 年 7 月第 1 版　2019 年 7 月第 1 次印刷
ISBN 978 - 7 - 5141 - 9578 - 1　定价：54.00 元

前　　言

改革开放四十年来，伴随着经济体制改革的不断深化和全球产业转移浪潮的频繁掀起，我国经历了极为快速的经济增长，产业"地图"也在不断发生深刻的变化。作为幅员辽阔的大国，我国地区间发展水平和发展环境的巨大差异，为产业在国家内部不同区域之间进行空间转移提供了可能。从改革开放之初的"引进来"，到"一带一路"倡议下"走出去"大幕的拉开，我国刚好经历了以四十年为周期的产业转移历程。在此过程中，以改革开放、权力下放、土地制度改革等为代表的制度变迁，对我国产业空间演化所产生的影响极为深远。本书基于制度变迁视角，探求我国制造业空间分布变化的特征及机理，是经济地理学研究的重要科学命题。

研究发现，我国制造业空间变化呈现了"大分散、小集中"的基本特征。在宏观尺度上，沿海地区成为国家制造业增长的主要推动力，跨区域要素流动与重组不断加快，地区间差异不断扩大；中观尺度上地区分工与专业化开始形成，部分区域形成了具有地方特色的区域工业发展集群；微观尺度则表现为城市内部工业分布呈现郊区化、园区化特征。

制度变革所释放的生产力是我国四十年来经济增长和产业空

间演化的最根本动力，其影响具有典型的"尺度性"。在国家尺度，对制造业空间演化影响最为深远的是贸易开放和资本开放等对外开放政策的实施。在区域尺度上，中央政府、地方政府和企业之间的权力关系改革是关键的影响因子。而城市层面上，土地价格、土地供给和土地流转政策等土地制度变迁过程发挥了重要作用。

综合来看，制度因素对制造业空间变化的影响机制主要表现为：资本和贸易开放促使我国宏观经济格局形成。由于资本开放和贸易开放政策的空间推进过程具有区域差异性，在一定程度上导致了区域间资本循环累积效应和技术溢出能力存在差异，致使地区间发展差距逐步扩大，沿海地区成为推动国家经济增长的核心力量。

财政、行政分权及企业自主意识增强扩大了地区间经济发展的不平衡性。财政权力下放大幅度提升了地方政府的行政能力，但先进制度方式并不具有普适性，由于各地方政府创新能力、行政能力不均衡，各地区制度创新程度和改革实施力度不均等，辅以不同地区资源禀赋、区位、市场等经济发展条件具有差异性，最终导致了地区间经济发展能力存在差异，区域内部不同城市产业空间分布不均衡。

土地使用、供给及流转模式变迁促使制造业在城市内部呈现郊区化和园区化的空间集聚特征。土地制度是影响城市尺度制造业空间变化的关键因素，土地价格由无偿到有偿加速了工业郊区化进程；城市总体规划和土地利用总体规划通过确定工业用地的供给方向、供给数量、供给时间等，决定制造业空间布局，同时通过基础设施配套和税收优惠政策积极引导制造业发展方向；土地产权改革以及农用地向建设用地的流转加速了乡村工业化进程，农用地减少和乡镇企业促进了工业郊区化发展。

综上，本书在梳理改革开放以来我国制造业空间分布变化规律和特征的基础上，提出"制度尺度"的概念，综合分析宏、中、微观三个空间尺度上，对外开放政策、权力制度改革、土地制度改革等多尺度制度变迁对制造业空间分布变化的作用机理，强调正式制度对制造业空间分布影响的作用。同时提出优化制造业空间布局的制度建议，为我国区域经济有序发展提供科学依据。

制度对产业空间变化的影响一直以来都是我研究的兴趣所在。这本书是在我的博士论文基础上修改形成的作品，因琐事繁多，毕业至今才得以出版。近年来，由于承担相关课题研究工作，我对"一带一路"沿线国家、我国不同区域的城市、园区、企业所进行了广泛深入的调研，形成了一些新的研究成果，很多学术观点与书中之前的研究结论相比发生了一些变化。对本书中存在的不足，以期能够在后期研究中进一步完善。

目　　　录

第 1 章

绪　　论

1.1　研究背景

1.1.1　全球产业转移大背景下，我国制造业发展迅猛

20 世纪 60 年代后，一些主要发达国家进入了产业结构调整阶段，以知识为依托的高新技术产业和服务业得到迅速发展，部分劳动密集型产业纷纷向国外转移，全球制造业产业转移浪潮迅速掀起。这一时期，在众多发展中国家涌现出一些区域性甚至世界性的制造业基地，如亚洲"四小龙""四小虎"等，中国也在此过程中承接了全球产业转移。

21 世纪以来，随着全球化的不断深入和扩展，中国飞速地融入世界经济，中国制造业也正在越来越深刻、广泛地加入到国际分工体系之中。1980 年，中国制造业的增加值仅占世界的 1.5%，1990 年占全球的 2.7%，位居发展中国家之首，进入世界十强；2000 年中国制造业增加值占全球比重达到 6.5%，仅次于美国、日本和德国，在全球列第四位；2010 年上升到 18.4%，跃居全球第一。2016 年，我国工业总产值达

247 860 亿元, 占 GDP 比重 29.38%, 占全球份额超过 25%, 增长速度居全球之首 (见图 1-1)。与此同时, 伴随着经济全球化和国际制造业的进一步转移, 中国长三角、珠三角、京津冀等地区将逐步成为各具特色的全球制造业基地。

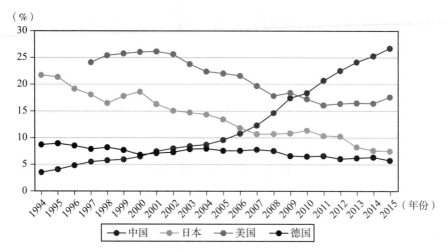

图 1-1　中日美德四国制造业增加值占全球份额变化情况 (1994~2015 年)

资料来源: 世界银行数据库。

1.1.2　伴随着改革和开放, 我国产业空间地图变化巨大

自 20 世纪 80 年代, 中国进入经济发展的加速期。伴随着经济体制从计划向市场、发展环境从封闭向开放的转变, 我国的制造业"地图"发生了巨大的变化。改革开放前, 中国制造业空间分布格局计划经济色彩强烈 (陆大道, 1990)。"一五"时期, 工业靠近原料、燃料、电动力的来源和消费地区布局, 同时考虑国防需求, 力求达到全国工业的平均分布。在此期间, 工业布局比重得到加强的地区包括东北、华北、西北以及中部地区, 如武汉、长沙等。国民经济总投资中的 53.3% 投入内地, 46.5% 投入沿海地区。这一时期形成的工业布局基本上奠定了至改革开放前中国

工业的地理分布格局。

　　1979 年我国开始进行政治经济体制改革，不断加速对外开放的进程。一方面，中央政府决定在广东、福建两省实施对外经济活动的特殊政策和灵活措施，并试办经济特区，设立沿海开放城市。另一方面，在引入外资企业方面，中央也给予了地方一定的自主审核权，并规定在部分行业允许设立中外合营企业（汪海波，2004）。在政策调整与改革的影响下，我国地区工业布局发生较大变化（张军，1998，2003）。1984～1992 年，东部地区工业产值比重由 59.78% 上升到 65.73%，中西部地区则由 40.22% 下降到 34.27%。工业布局开始从关注生产地与原料地之间的距离，向以制度变迁和市场化为导向的思路转变。1997 年后，中央政府在全国范围内实施了国民经济战略性结构调整，各地区根据自身的特点及优势制定了产业发展战略和政策，这也是在经济全球化和我国加入 WTO 背景下，中国产业融入全球生产网络的过程，在此过程中我国形成了一系列新的经济生长点和新的产业空间，制造业空间布局呈现出了新的特点（陆大道，2003a）。改革开放四十年来，随着市场化经济体制的不断深入，我国制造业空间分布在全国层面、区域层面和城市层面的空间布局上发生了哪些转变，有哪些特征和规律，以及产生这些转变的根源性因素是什么，是亟待研究的重要问题。

1.1.3　我国制造业空间演化对区域经济格局的形成有深远影响

　　制造业是一个国家或地区获得竞争优势的基础，是解决就业矛盾和提高就业水平的重要领域，是高新技术发展的载体和动力。发展制造业是扩大内需，提高人民生活水平的有效途径，制造业的规模和水平也是衡量综合实力和现代化程度的主要标志。基于制造业发展所带来的种种益处，我国中央及地方政府制定了大量政策吸引外商直接投资，优化产业结构，强化转型升级，大力扶持制造业，尤其是先进制造业的发展。但由于各地区之间经济发展水平、资源环境、基础设施和制度环境建设等方面存在差异，导致我国制造业空间分布存在着明显的区域差异，加剧了业已存在的区域经济差异。实现我国区域经济发展的统一性和和谐性，不仅是保持我国经济持续稳定增长的基础，也是构建和谐社会的必然前提。因此，积极探索制造业空间分布区域差异的原因，提出符合我国国情的制造业空间优化措施，为实现我国区域经济协调发展提供支撑，具有积极的现实价值。

1.2 研究意义

本书研究内容具有重要的理论意义。第一，有助于探索建立适合我国国情的产业空间分布理论框架。对于中国制造业的快速发展，社会、政府及学术界都表现出了极大的关注。经济学、社会学等学科分别从不同侧面探讨了中国制造业在世界分工体系中竞争力状况及产业升级途径等问题。经济地理学者们也从"空间分布"这一基本问题出发，探索我国制造业的空间分布特征及影响因素。将制度变迁视角引入地理空间分析中，对指导我国制造业实现经济高效、空间优化的发展具有重要意义。

第二，有助于为分析制造业空间变化提供新视角。产业区位空间变化的形成原因蕴含着众多因素，传统空间变化影响因素大多着眼于自然资源、经济技术、运输运费等方面（陆大道，1990）。我国产业区位的形成机制，可能不完全符合新古典贸易理论、新贸易理论和地理经济学等理论的解释。"中国模式"下渐进式的经济转型过程深刻地影响着我国产业地理格局的形成。在"制度转向"的学科发展背景下，基于制度分析框架探讨我国制造业空间分布的变化，探索国家政策、发展方针等对制造业空间分布变化所产生的作用及其内在机制，能够为理解我国的产业分布模式提供新的视角，具有重要的理论意义。

第三，有助于科学理解我国产业空间变化过程与机制。20 世纪 80 年代末以来，理论和实证上的进展使经济地理学重塑了学科性质，并且与社会科学更广泛地联结起来，我国产业布局理论对产业区位空间变化的解释经历了从比较优势理论、区位理论、到地理经济学理论的转变过程。一方面，"经济"的概念不再是单一的、单维的、决定论的和非空间的，另一方面，经济地理学开始引入制度解释产业空间变化。本书综合社会学、地理学和经济学三方面的研究视角，探讨制度因素对产业区位空间变化的影响及其作用机理，研究将有助于更科学的理解和解释我国产业空间变化。

本书研究的现实意义在于：第一，有助于促进产业合理布局，推动实现区域协调发展。随着我国全面进入工业化快速发展阶段，制造业依旧是推动区域经济发展的主体力量。以制度为切入点研究我国制造业空间变化，能深层次的认识影响我国生产力布局的影响因素，从而在经济转型与工业化加快发展的双重背景下，为指导制造业合理布局，促进资源集约高效利用，实现区域协调与城乡协调发展提供理论支撑。

第二，有助于科学制定产业布局政策，为生产力优化配置提供制度支撑。我国的产业与区域发展政策经历了均衡发展到非均衡发展再到协调发展的过程，有效地指导了我国的生产力布局。产业布局中的制度因素研究有助于解决市场经济条件下我国制造业空间布局过程中面临的竞争与合作统筹问题，从制度上化解冲突，寻求最佳发展路径，推动制造业合理布局、快速发展，为国家在新制度环境下科学制定产业发展政策和区域发展政策提供制度支持和措施保障。

1.3 研究对象界定

1.3.1 制造业

制造业（manufacturing industry）属于第二产业（工业），指对原材料

（采掘业的产品及农产品）进行加工或再加工，以及对零部件装配的工业部门的总称。它是为国民经济其他部门提供生产资料，为全社会提供日用消费品的社会生产制造部门。按 2002 年国民经济行业分类[①]，制造业包括工业中的 31 个行业。可分为：农副食品加工业、食品制造业、饮料制造业、烟草制造业、纺织业、纺织服装鞋帽制造业、皮革毛皮羽毛（绒）及其制品业、木材加工及木竹藤棕草制品业、家具制造业、造纸及纸制品业、印刷业和记录媒介的复制、文教体育用品制造业、石油加工炼焦及核燃料加工业、化学原料及化学制品制造业、医药制造业、化学纤维制造业、橡胶制品业、塑料制品业、非金属矿物制品业、黑色金属冶炼及压延加工业、有色金属冶炼及压延加工业、金属制品业、通用设备制造业、专用设备制造业、交通运输设备制造业、电气机械及器材制造业、通信设备计算机及其他电子设备制造业、仪器仪表及文化办公用机械制造业、工艺品及其他制造业、废弃资源和废旧材料回收加工业等。

制造业是一个复杂而庞大的产业群，可以分为传统制造业和现代制造业两大类，也可以根据不同的属性将其分成不同类别：（1）按制造业性质，可将其分为两类：一类是直接对采掘工业的产品进行加工的原材料工业；另一类是加工工业。这种分类反映了行业的加工深度；（2）按照要素密集度，可以划分为资源密集型、劳动密集型、资金密集型、技术密集型和知识密集型，这种分类反映了行业的结构水平；（3）按照用途可以分为轻纺制造业，资源加工工业和机械电子制造业，这种分类反映了对服务对象及市场的划分。本书将根据研究内容的不同，依据不同的属性将制造业划分类别。

---

① 该分类标准为 2002 年 5 月经国家质量监督检验检疫局批准，经国家统计局重新修订的国家标准《国民经济行业分类》（GB/T 4754 - 2002）。自 2003 年起，国家各类统计定期报表，开始统一使用此标准。虽然此后该标准在 2011 年和 2017 年均重新被修订，但考虑本研究时间范围以 2011 年前为主，且时间跨度较大，故统一采用 2002 版分类标准。

1.3.2 制度

制度 (institution) 是一个内涵极为丰富的概念, 不同学科中的不同学者对制度所下的定义各异。关于制度的概念及其基本内涵将在第 3 章中进行详细的阐述。综合各种学者的不同观点, 本书认为制度就是制约人们行为、调解人与人之间利益关系的一系列社会承认的规则, 这些规则涉及社会、政治及经济行为。

对制度构成的分类, 国内学术界大都采用诺思的观点。诺思指出, 制度提供的一系列规则具体包括由社会认可的非正式制度、国家规定的正式制度所构成 (North, 1990)。因此, 按照制度提供者及其提供方式的不同, 可将制度分为两大类: 即正式制度 (formal constraint) 和非正式制度 (informal constraint)。正式制度是指人们有意识创造的一系列政策法则, 包括宪法秩序和作为操作规则的政治规则、经济规则、各种契约, 以及由这一系列的规则构成的一种等级结构。非正式制度主要包括两方面内涵, 第一是界定人们在分工中的责任, 确定行动目标的规则; 第二是界定每个人可以干什么, 不可以干什么, 定出 "选择空间" 边界的规则。非正式制度是人们在长期交往中无意识形成的, 具有持久的生命力, 并构成代代相传的文化的一部分, 其内容主要包括价值观念、伦理规范、道德观念、文化传统、风俗习惯、行为准则、思想信仰和意识形态等 (North, 1990)。

正式制度与非正式制度是相互生成的, 相辅相成的。非正式制度是正式制度的扩展、细化和补充, 同时正式制度也为非正式制度提供权威性的支持和保障。虽然任何正式制度作用的有效发挥, 都离不开一定的非正式制度的辅助作用, 制度力量的发挥来源于正式制度和非正式制度的相互确认, 来源于规则与信念的交互作用, 但本书的研究将主要侧重于对正式制度的研究, 即国家正式出台的法令法规、政策方针等内容, 也就是传统意义上的公共政策。

1.4 研究技术路线

本书研究的技术路线由研究综述、研究方法、研究内容三部分按照系统研究的逻辑关系构成（见图1-2）：

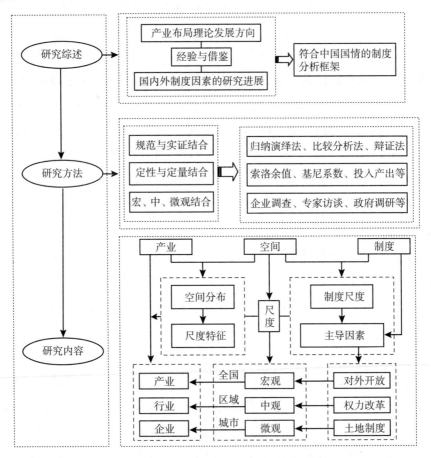

图1-2 本书研究的技术路线

研究综述：包括对产业布局理论发展方向、国内外制度因素研究进展的综述以及与此相关的经验借鉴。意图通过对相关研究进展的回顾，归纳演绎出符合中国国情的制度分析框架。

研究方法：本书采用的方法主要包括：（1）文献调查法：全面收集相关的文献资料，跟踪学术前沿，借鉴国内外先进研究思路，通过比较分析，寻求本书研究突破点和创新点；（2）归纳演绎法：由于本书研究领域属交叉学科，现有研究相对薄弱，在分析中需广泛学习其他学科的成熟理论，借鉴他人不同角度的研究成果和观点，并通过归纳演绎的方法提出分析意见；（3）规范分析与实证分析相结合：通过作用机制的研究，对相关方法、思路进行理论上的规范。同时，借助案例分析和田野调查等实证研究方法，对规范分析加以验证，提高科学性；（4）定性分析与定量分析相结合：索洛余值、基尼系数、集聚度、对外开放指数、投入—产出法等定量分析方法的引入使得研究结果更为科学。

研究内容：基于经济学、地理学和社会学的交叉视角，分析改革开放四十年来我国制度环境的变迁历程，提取出对制造业空间变化产生影响的主导制度因素，深入分析对外开放政策、权力制度改革、土地制度改革对制造业空间分布变化的影响机理，为我国未来制造业健康有序发展提供良好的制度保障。

1.5 本书结构

本书共分为 8 章。第 1 章为绪论，第 8 章为结论。第 2~7 章具体内容如下：

第 2 章：国内外研究进展。着重梳理国内外制造业空间分布特征及影响因素研究进展。首先，从理论框架的角度揭示制造业空间分布影响因素的演变，这一历程包括从比较优势理论、区位论、到地理经济学理论，直至地理学的"制度转向"的变迁。其次，从实证研究的角度，阐述传统因素和新因素的分析视角变化，论证制度因素对我国制造业空间分布变化影响的重要性。最后对现有研究进展综合评述，得出符合我国国情的制度因素研究理论框架。

第3章：制度对制造业空间变化影响的作用机制。梳理制度的概念、构成和功能等基本内涵，揭示制度变迁的含义、机理及主体。在此基础上，总结制度对制造业空间变化的影响特征、影响规律、参与主体与博弈关系、影响尺度及影响因子。多角度、全方位解析制度对制造业空间变化的影响机制。通过提出"制度尺度"的概念，凝练出我国不同空间尺度上的主导制度因素，为全书分析奠定理论基础。

第4章：制度对制造业空间变化影响程度测度。从空间尺度、重点行业和数据指标三个视角综合评价我国制造业空间变化特征。测度我国制度变迁对制造业发展的影响程度，利用索洛余值测算 1978～2014 年全国尺度及各省区制度变迁影响程度，在时间尺度和空间尺度上综合分析变化轨迹及变化历程。

第5章：对外开放政策对制造业空间变化的影响。我国对外开放政策具有丰富的内涵。总结我国对外开放的主要内容，推进时空历程，并计算各地区对外开放度指数差异，从资本开放和贸易开放两个不同角度剖析对外开放政策对制造业空间变化的影响。其中，资本开放注重对外商投资变化的分析，贸易开放主要对出口程度及贸易壁垒等因子的分析，从不同视角深入解析对外开放对制造业空间变化产生的影响。

第6章：权力制度改革对制造业空间变化的影响。我国权力制度改革主要表现在两个方面，一方面是中央政府对地方政府的放权，主要包括财政权下放和行政权下方两个重要内容；另一方面是政府对企业产权制度的放宽，包括股份制、民营、乡镇等不同所有权类型的企业出现和企业自主能力不断提高。研究首先阐述我国权力制度改革的历程及特征；其次，刻画权力制度改革情况下，区域尺度的制造业空间表现；最后，通过重庆市电子信息产业发展案例，深入分析政府空间治理能力对制造业空间分布变化的影响及其机制。

第7章：土地制度改革对制造业空间变化的影响。回顾我国土地制度改革历程，以北京为案例，深入探讨土地价格、土地供给模式和土地产权三方面要素对城市内部产业空间演化的作用机理。

第 2 章

国内外研究进展

2.1 制造业空间变化特征研究进展

制造业的空间分布是经济地理学研究的一个重要命题。近年来，国外对制造业空间变化特征的研究主要集中于对城市尺度的工业郊区化和产业集群的讨论。就我国而言，近年来对制造业空间变化特征的研究成果包括三个方面：第一是全国层面，制造业空间分布的地理集中以及由此产生的区域差异化；第二是区域层面的制造业集群化和园区化；第三是在城市层面由于企业空间扩散与转移而带来的郊区化。这三个方面从宏观、中观、微观的不同尺度共同描述了制造业的空间变化特征。

2.1.1 产业集聚与区域差异化

20 世纪 80 年代以来，我国制造业空间格局在市场化和全球化力量的共同影响下产生了显著的地理集中趋势，同时在地理集中的过程中，地区间区域差异不断扩大。

1. 产业分布的地理集中

产业地理集中现象是经济地理学研究的热点之一。关于地理集中的研究有三个主要方向：第一是对我国地理集中现象的验证，即证明我国制造业是否呈现了地理集中的趋势。研究结果表明，我国制造业的产业地理集中状况明显。贺灿飞等采用中国各省区两位数制造业的数据，分析了1980~2003年间中国制造业的空间格局及其变化，发现中国制造业在空间上集中趋势明显（贺灿飞、谢秀珍，2006；贺灿飞、刘洋，2006）；张同升等计算并分析了1980~1990年我国26个制造业行业的区位基尼系数及其变动趋势，得出近似结论（张同升、梁进社、宋金平，2005）；王业强等通过采用标准差系数、区位基尼系数、空间分散度、绝对地理集中和相对地理集中指标验证了我国制造业的地理集中现象（王业强、魏后凯，2006）；杨洪焦等通过建立产业聚集影响因素的分析框架计算得出1988~2005年中国制造业聚集度的整体水平一直呈上升趋势（杨洪焦、孙林岩、吴安波，2008）；赵洪蕾从数量经济学的角度，运用面板数据的固定效应模型计算地理集中指数和省区的集中度，也得出我国制造业不断呈现出集聚趋势的结论（赵洪蕾，2007）。第二个方面是对我国地理集中空间分布差异的论证，回答制造业向哪些地方集中的问题。研究结果表明我国大部分内陆省区的产业专业化程度逐渐增强，而沿海省区的产业结构则越来越多元化（贺灿飞、谢秀珍，2006；贺灿飞、刘洋，2006）；产业地理集中主要发生在东南沿海地区，且由于沿海地区产业不断扩大，专业化程度不断提高，从而促进了地区经济的不断发展（赵洪蕾，2007）。第三方面是对不同行业地理集中程度差异的探讨，即哪些种类的制造业倾向于集中。结果显示各类产业呈现两种主要的变化格局：一类产业自20世纪80年代以来总体趋于集中，包括食品加工与制造、烟草加工、纺织、服装及其他纤维制品、皮革毛皮羽绒及其制品、家具、文教体育用品、塑料、非金属矿物制品、交通运输设备、电气机械及器材、电子通信设备、仪器仪表及文化办公用机械等，这类产业向沿海地区集聚；另一类产业在80年代分散但 90 年代以来逐渐集中,包括木材加工、造纸及纸制品、印刷记录媒介的复之、化学原料及化学制品、化学纤维、橡胶、黑色金属冶炼及压延加工、有色金属冶炼及压延加工、金属制品以及机械,这些产品属于资源密集型或资本密集型产业,多数向沿海省区集中(贺灿飞、谢秀珍,2006)。

2. 产业分布的区域差异

产业分布的区域差异是产业集聚化的宏观表现,现有对产业分布区域差异的研究集中于两个方面:一方面是对全国宏观尺度区域差异探讨。陆大道(1990)研究表明我国制造业东高、中次、西低的"三级阶梯"结构明显,工业分布的"东西问题""南北问题"较为明显,东部的工业产值远高于西部,南北方虽然在工业产值上基本相当,但工业结构上却相差很大。陶来利等(2007)构造了我国制造业的空间集聚矩阵,运用因子分析法计算得出,我国初步形成九大区域产业集聚区在东、中、西部均有分布,东部最为密集,主要集中在三大城市群(长三角、珠三角、环渤海)。

另一方面,许多学者研究了制造业的省际(区际)分布差异。江激宇等(2007)研究表明,改革开放以来,中国制造业各行业发生了显著的空间聚集过程,中西部省份集聚呈现总体下降的趋势,东部省份呈现总体上升的趋势;赵丽等对 1987～2003 年省际制造业的发展进行了实证分析,得出了我国产业的区域分布不均衡和极化趋势都在不断增强的结论(赵丽、孙林岩、杨洪焦,2007)。张卉对 1996～2006 年中国制造业的演进路径与区域分布研究,揭示了省际分布差异特征:第一,东部地区资本和技术密集型产业与传统劳动和资源密集型产业并存,通信设备、计算机和其他电子设备制造业等资本与技术密集型制造业主要集中在北京、天津、上海、浙江等地区,而纺织业、通用机械制造业、金属制品业、食品加工业、食品制造业、饮料制造业、造纸及纸制品业、医药制造业、非金属矿物制品业和黑色金属冶炼及压延业等传统劳动和资源密集型产业也仍然占据全国较高的比重水平；第二，东部地区不同省份支柱工业状况不同。技术密集型和资本密集型的通信设备、计算机及其他电子设备制造业成为北京、天津、上海、江苏、福建等省市的制造业中的第一支柱产业。而河北、辽宁、浙江、山东等省份的支柱产业则仍然以黑色金属冶炼及压延业、纺织业等传统资源密集型和劳动密集型产业为主；第三，中西部制造业分布以资源密集型和劳动密集型产业为主（张卉，2007）。通过对2004年中国第一次经济普查数据分析，结果显示两位数制造业在不同省区的地理集聚水平存在显著差异，多数产业的集聚程度省区差异类似于总体制造业，少数产业如烟草加工业、石油加工及炼焦业、化学纤维制造业等由于对于资源的依赖，或受政府决策、文化传统、特殊原材料和特定市场需要影响，在大部分省区高度集聚。统计分析表明，经济发展水平、交通密度、市场化水平、政府支出比重、开发区、社会资本和法律健全程度以及贸易壁垒强度等区域特征确实影响产业集聚的省区差异（贺灿飞、朱彦刚、朱晟君，2010）。

2.1.2　园区化

产业园区包括经济开发区、高新技术产业开发区、特色工业园区、工业园地、农业科技示范园区、科技园、科学城、技术城、创业园、现代物流园、经济特区、保税区、免税区、自由贸易区、出口加工区等空间形式。所谓产业园区化就是指打破行政区划和管理体制的限制，在一定的经济地域空间内，某一个或者几个特定产业规模集聚和迅速发展的区域化整合发展趋势。产业园区化已经成为制造业发展到一定阶段而出现的集约型发展模式。产业园区的基本特征是产业结构特色化、产业资源集约化、产业组织网络化、产业布局融合化。

对于制造业园区化，经济地理学者们侧重对开发区、高新技术产业区的区位与空间模式研究（崔功豪，1999；朱晓明，2000；顾朝林、赵令勋，2003），也有一些学者对国内经济技术开发区的类型、结构、产业发展、文化、投资环境、发展方向的研究和对中关村现象的研究（杨开忠、邓静，2001；张晓平、刘卫东，2003；王缉慈，2005；周文，1999）。

2.1.3　郊区化

关于制造业在城市层面分布格局的研究主要集中于制造业企业外迁，即工业郊区化的问题。20 世纪 80 年代以来，农村工业化及郊区若干大型工业项目的建设促使了工业郊区化出现（Ning and Yan，1995），尤其出现于东部沿海的许多大城市。工业企业的外迁减轻了城区的污染、腾退出了中心区高租金土地，既支持了第三产业的发展，也为工业自身的发展获得了空间、加快了企业的技术改造、产品结构调整和生产要素的优化组合，有力地促进了郊区化的发展（胡序威等，2000）。如上海工业区位的空间演化可分为 3 个阶段，即工业区的建立、卫星镇的建设以及农村工业化（冯健，2002）。

随着经济全球化和城市时代的到来，城市功能进入重构时期，城市涌现了众多新的产业，从而提出了城市空间重组的要求。在城市新产业空间扩张的过程中，近郊型的新产业空间是我国城市开发区的主要类型（王兴平，2005）。顾朝林对大城市边缘区进行了研究，通过对国内外城市郊区化比较研究，发现我国城市在功能升级与空间扩展上拥有同西方国家不同的特点，我国城市郊区化特点是工业先行、中心繁荣与郊区化并存、郊区距中心城区距离不远，社会阶层地域分异不明显（顾朝林，1995；顾朝林等，2000）。阎小培通过研究发现，伴随着城市空间扩展，城市将按经济效率原则进行空间重新组合与功能配置。具体表现为城市中心区的地租上升，工业向城市外围迁移（阎小培，1999）。

2.2 制造业空间变化影响因素研究

2.2.1 产业布局理论研究进展

1. 比较优势理论

18世纪70年代，英国经济学家亚当·斯密（Adam Smith）提出绝对优势（absolute advantage）的概念，并运用它解释自愿参与国际贸易的每个国家，都能从国际贸易中获得利益的经济现象（Adam Smith，1776）。之后，英国古典经济学派的代表人物大卫·李嘉图（David Ricardo）继承与发扬了亚当·斯密的分工学说，提出了成本比较说，其核心是比较优势原则（David Ricardo，1817），他认为凡是本国能以较少劳动量生产的商品，都应该输出；凡是不能生产或是必须以较大劳动量生产的商品，都应该放弃生产，从别国输入。这样，各个国家只生产比较成本有利的产品，通过贸易各国都能获得比较利益。此后，赫克歇尔—俄林继承和发展了李嘉图的比较成本理论，提出了要素禀赋论（Heckscher，1919；Ohlin，1933），用生产要素禀赋来解释国际贸易产生的原因。俄林认为，商品价格的绝对差异是由于成本的绝对差异，而成本的绝对差异是由于两方面原因：首先是生产要素的供给不同，即两国的要素禀赋不同；其次是不同产品在过程中所使用的要素的比例不同（要素密集度不同）。同时，李嘉图还提出了地租理论，他认为土地的占有产生地租，经济空间是一种基于土地自然属性差异的异质空间，区域差异表现在一般土地生产力上（David Ricardo，1817）。

2. 区位理论

工业区位论是工业布局的经典理论，该理论有一个创立、发展和完善的过程。关于工业企业布局的最早研究始于德国学者龙哈特，而现代工业区位论的产生可以追溯到德国经济学家韦伯（Weber，1909）。韦伯理论后期经胡弗（Hoover，1937；1948）和艾萨德（Isard，1956）等人的重大发展，完成了从经典工业区位论到现代工业区位论的飞跃。

工业区位论的奠基人韦伯，吸收和继承了古典经济学的思想，提出了最小成本理论。他认为费用最小的区位就是最佳区位，而运费是最主要的费用，交通是影响工业布局的最重要因素，工业有向交通轴线集聚的倾向，工业企业的最佳区位就是运费最小的区位。韦伯第一次创造性地提出了影响工业企业布局的主要因素，即运输成本，但该理论将工业分布地域看成是均质平原，这个假设与现实世界差距较大，很难分析异质空间结构条件下的工业布局规律。

继韦伯之后，瑞典经济学家帕兰德（Palander）试图将不完全竞争的概念引入区位理论研究，以价格为变量研究区位空间的均衡，并提出了远距离运费衰减规律。同时他还认为，工业企业的区位不能仅考虑运费最低一个因素，而应该将生产费用和运输费用的综合成本最小化作为最佳区位的标准，从而深化了韦伯的最小成本理论。帕兰德的最小成本理论与现实更为贴近，更能解释城市或区域异质空间结构中工业的布局规律（刘继生等，1994）。

胡弗深化了韦伯的运费理论，他把运费分为站场费用和线路费用，并认为因为站场费用的存在，运输距离与运输费用不是等比例关系，而是随着运距的增加，单位运费呈递减的趋势，其理论意义是论证了工业企业要尽量选择在各大型中转站场布局以减少货物的中转次数，并指出了远距离运输的合理性。现代工业向港口集聚与港口型工业区形成、工业布局外向化（工业布局向城市或区域门户位置迁移）是胡弗理论的实践成果。

20 世纪 30～40 年代，西方学者在新古典经济学理论的基础上，提出了新古典工业区位理论，使工业区位理论从企业层面提升到城市和区域层面。新古典工业区位论以俄林（Ohlin，1933）、廖什（Losch）等为代表，他们引入了微观经济学理论，对企业最佳区位的思考不仅涉及交通运输成本，而且还包括收益要素，形成了由总成本曲面和总收益曲面构成的利润空间。20 世纪 50 年代，美国学者胡弗、艾萨德等人，综合了韦伯、帕兰德等人的观点，提出了对工业区位的可变成本因素综合分析方法，使之成为工业区位论的核心。这一方法不仅使影响工业企业布局的成本分析更为全面，同时也使工业区位理论从单个工业企业布局的研究转向城市或区域的工业布局研究。

廖什将克里斯泰勒的中心地理论应用于工业区位的研究，提出由于产品价格随距离增大而增大，造成需求量的随之减少。他认为企业的最佳区位是利润最大化的地区点。他将工业区位论研究由生产扩展到市场，由局部延伸到普遍，由单因素扩展到多因素，成为一种较为宏观的、静态的、以市场为中心的商业服务业和加工工业的区位论，把古典区位理论发展到了一个新的阶段。廖什区位理论的特点就是用利润来说明区位趋势，并且他把利润原则同产品的销售范围联系在一起进行考察。与韦伯理论不同的是，廖什并不认为工业的最低运输成本在工业区位中起决定作用。同时，廖什既从一般均衡的角度来考察整个工业的区位问题，又从局部均衡的角度考察单个工厂的区位问题。同时，廖什扩展了区位理论的应用范围，将贸易流量与运费网络中的"中心地区"的服务区位问题也纳入其中进行研究。他把工业区位分析的对象推至多种产业，并分析了区域中城市规模和类型，推导出在既定资源、人口分布情况下，规模经济差异导致了空间集聚现象。他把工业最优区位定义为总收入与总成本的差额最大时的区位。

之后，史密斯（Smith，1971）进行了收益性空间界限的分析。他认为在工业区位论研究中，韦伯引入了空间费用曲线，廖什导入了空间收入曲线，如果把这两条曲线相结合，就能画出收入的空间界限，通过收入的空间边界分析就可找到"最佳区位""接近最佳区位"或者"次最佳区位"。

事实上，在廖什之前，霍特林（Hotelling，1929）最先认识到需求对工业区位的影响，并认为企业的收益与其产品的市场范围有关，收入最大点是工业的最佳区位。登尼森（Dennison，1937）以英国工业空间变动为例，论证了英国工业的分布近年来有逐步接近市场的倾向。这说明韦伯提出的运输成本决定工业区位的主要论点，不能解释英国工业区位变化的原因。他认为，英国工业分布之所以接近市场，主要不是考虑运输成本，而是由多种社会经济原因造成的。如果说运输成本和工资成本仍然起作用，那么其重要性正在不断减小。

3. 地理经济学理论

地理经济学研究的兴起和发展，与世界经济的全球化与区域化发展趋势有关。地理经济学最大的特点是吸收了经济区位论关于空间集聚以及运输费用的理论，在此基础上，提出了由规模经济和运费的相互作用产生的内在集聚力，以及由于某些生产要素的不可移动性等带来的与集聚力相反的分散力，并强调这两种"力"对空间经济活动的影响（刘安国、杨开忠，2001）。

地理经济学研究中探讨了经济活动的空间集聚问题。认为经济活动的空间集聚核心内容主要集中在三个方面：报酬递增、空间集聚和路径依赖（Krugman，1991a，1991b，1998）。首先，地理经济学的报酬递增是指经济上互相联系的产业和经济活动，或由于在空间位置上的相互接近性，或由于规模经济而带来的产业成本节约。其次是空间集聚，主要指产业或经济活动由于集聚所带来的成本节约而使产业或经济活动区域集中的现象，地理经济学家的大部分著作主要是讨论产业如何在某些区域集中分布。如克鲁格曼建立的动态多区域模型（race track economy model）揭示了在空间结构均衡时，动态力量区域形成沿地形大概等距离分布的集聚点（城市）。他通过区域跑道模型演绎了区域运行的几何结构，反映了区域经济体系中各个结构部分呈环状等距离分布，认为运输费用仅仅受环形周长的影响，制造业的同一布局总是处于均衡分布状态。然而地平面并非稳定不变，集中的区域环形分布会产生轻微紊乱的地平面，自发演化出一个或多个制造业群。这样，制造业区域布局由最初的均衡发展到两区域的集中布局（Krugman，1995）。第三是路径依赖，大多数地理经济学家认为在区域聚集和城市发展中存在着路径依赖。路径依赖（Path Dependence）最初由保罗·大卫（Paul David）于1985年提出，由布莱恩·亚瑟克和克鲁格曼发展完善。他们认为，某个历史偶然性将使某一区位在产业集聚方面获得一定的先发优势，这将形成某种经济活动的长期积聚过程。历史偶然因素所确定的模式一旦建立，这一最初的区域和城市模式就有可能通过在报酬递增基础上的聚集过程得到进一步强化而变得"锁定"（lock-in）。另一杰出地理经济学家藤田（Fujita）对路径依赖有新的看法，他认为：在特定的活动发生地，存在着大量的不确定性和灵活性，一旦空间差异定性，它们就变得具有刚性。路径依赖主要用来解释国家与地区之间的专业化和贸易活动（Fujita，1999）。

4. 地理学的"制度转向"

经济地理学的制度转向并非偶然，资本主义经济重组、全球化是制度转向的实证基础，社会科学制度学派的崛起为制度转向创造了学科基础，同时，面对社会经济和学科发展，这一转向也是地理学本身"制度"响应的结果（吕拉昌、魏也华，2005）。制度转向的含义较为广泛，新古典经济学把用产权结构和交易成本作为经济制度解释企业的经济活动，称为新古典经济学的制度转向。地理学的制度转向是指在突破对数量、空间科学二分法的计量地理、行为地理以后，在地理研究中强调制度作用的学派（Jessop，2001）。制度主义经济地理学关注各种正式和非正式制度的作用，并试图阐明以下问题：地理上不平衡的社会经济发展过程在多大程度上和以什么方式是由其得以发生的制度结构所塑造和调节的？驱动空间经济发展的各种动力是如何促成复杂的制度体系演变并被这一制度体系所铸造的？

制度转向的研究方向虽然包括诸多方面，但这些研究方向的共同特点有三：第一，这些研究方向都强调经济生活是一个被制度化的过程，又是一个根植社会的活动，其演化既是环境特定的，又是路径依赖的；第二，这些学派都承认地方化和全球化是交互作用的制度化过程，地方制度响应全球化过程，并成为全球化过程的一部分；第三，通过相关支持机构的融合，以及镶入社会资本，运用柔性战略，使地方相关主体成为影响经济进化过程和路径的重要因素，这实际上就是指建立制度基础设施①（institutional infrastructure），如形成互信、互惠的知识创新网络。但这些研究也存在一定的不同之处，即在于对制度的认识上存在一定的差别，如弹性专业化和产业区、创新环境、学习型区域等学派比较强调作为规则、程序、传统的作用；而新产业空间学派、区域创新系统学派则比较强调作为机构和组织的作用。

经济地理学的制度转向在产业区位方面的研究主要体现在如下几个方面：（1）寻求识别不同制度对产业空间的影响，主要研究制度环境如何影响经济组织的存在及演化。对区域经济及产业空间的影响是制度经济地理关注的中心问题；（2）强调不同地区经济（产业）景观的研究。制度是历史的携带者，把路径依赖传授到经济过程，以此研究经济景观的演化。不同地区制度路径不同，导致经济或产业景观产生差异，这种差异也是重要的研究内容；（3）制度环境（Milieu）如何促进产业区的发展，揭示技术创新和扩散的制度空间（institutional space）；（4）研究产业空间存在的文化基础和文化过程。文化传统、生活方式和认知对地区产业发展有重要影响，文化过程是决定制度路径依赖的重要因素，不同类型的文化会形成不同的社会经济体制空间；（5）研究区域经济管制。不仅要研究证实合法的经济关系，如货币管理形式、工资构架以及竞争形势，并揭示这些关系的地区制度安排，同时也研究包括地区网络、文化、传统的非正式

---

① 制度基础设施（institutional infrastructure），是指传统、社区资源与物质基础设施形成互补。

关系，研究这些关系的规制形式及地区安排（Martin，2000）。

5. 理论研究评述

比较优势理论为早期制造业空间分布变化提供了理论基础，但缺乏对于空间因素的探讨。最早期的比较优势理论从绝对比较优势、相对比较优势和要素禀赋等因素出发，揭示了区域乃至全球范围的产业布局、分工、专业化生产和国际贸易，即一国或一个区域应当专业生产自身具备比较优势的产品并进行交换和贸易，这些理论缺乏对于空间因素的探讨。虽然李嘉图的地租理论在一定程度上从空间视角探讨了区位差异产生的原因，但却存在一些致命的缺陷。李嘉图定义的地租就是基于土地肥力而产生的地租，其认为这种基于土地肥力的地租与比较优势结合在一起，决定了产业的区位必然是依土地和劳动力的自然属性而分布的。20世纪70年代后期，比较优势贸易理论受到了新贸易理论的挑战。该理论认为，国家之间进行贸易的原因并不依赖于比较优势和要素禀赋，国际贸易中的很大一部分常常发生在禀赋相似的国家之间，这种基于相似需求的贸易理论是建立在规模报酬递减基础之上的。新贸易理论的一个直接推论就是产业布局可以不依赖于土地的自然属性。这一推论为早期的制造业空间分布变化提供了理论基础。

区位理论以企业为研究对象，理论假设与现实情况差距较大，同时也缺乏宏观视角分析。20世纪前半叶，西方经济学界对工业区位问题研究的前提假设与现实情况具有较大差异，如韦伯的理论就是将工业分布地域看成是均质平原，这个假设与现实世界差距较大，很难分析异质空间结构条件下的工业布局规律。后期，帕兰德提出的最小成本理论与现实更为贴近，能够在一定程度上解释城市或区域异质空间结构中工业的布局规律。但总体而言，无论是韦伯的运输成本为主的观点，还是廖什的利润和产品销售范围的新见解，都是运用微观经济学的分析方法。这一时期工业区位分析方法的基本特征，就是分析个别生产要素的供给价格和需求价格之间的均衡关系，分析个别生产要素价格变动及其对工业区位移动趋势的影响。缺乏宏观视角的探讨，且研究对象都是针对企业个体，无法对某一个产业的整体分布格局进行解释。

地理经济学虽具有较强的创新性，但却不能摆脱模型的限制，忽视了地方制度和文化的作用。地理经济学具有较强的创新性：第一，克鲁格曼等人所倡导的地理经济学丰富了国际经济学研究中有关跨国企业的区位选址问题。他们提出的规模经济、外部经济具有很强的前瞻性，以规模经济、报酬递增、不完全竞争假设条件来研究产业布局问题比新古典经济学更接近现实；第二，从经济全球化视野下考察产业布局和经济发展问题，不仅仅是将问题纳入到国家体系，而是放在更大的全球化的空间；第三，尽管地理经济学的某些模型过于抽象，但是这些模型的建立毕竟相对于传统的区位科学模型有了很大的进步和改观。但地理经济学理论同样也具有一定的不足：第一，空间研究的模糊性，即地理经济学的空间聚集模型以及区域收敛模型陷入了空间均衡及稳态的数学分析之中，而且，地理经济学忽视了区域在社会、文化机构及制度等方面的差异，甚至区域间产业结构的差异也被认为是次要的；第二，缺乏实证研究，仅仅是抽象、简化的数学建模，与现实相去甚远，数学建模存在着认识论和本体论的局限，现实中的某些因素是不可能用简化的数学符号代替的；第三，区域过分抽象化，尽管地理经济学学家知道区位、区域和场所常常代表某种经济景观中抽象的点或其他的形状，而文化、社会、制度、历史等重要因素却被排除在模型之外，很少或没有找出一个实际的区域规模；第四，外部性的片面性，地理经济学强调市场规模经济而忽视了技术外溢在产业集聚中的作用；第五，产业区位决定的历史偶然性，克鲁格曼认为初始条件、偶然性、路径依赖在产业区位的形成上起决定作用，然而，经济地理学家在认同的同时认为它忽略了地方制度、社会和文化结构在促进地方经济发展中的作用。

经济地理学的"制度转向"并非偶然，制度作用机制的研究对我国具有重要意义。与以往的经济地理理论相比较，制度转向具有几个明显的特征：①强调区域历史、文化及制度背景的作用。事实上，所有的经济行为都是一种社会行为，经济过程、个人动机等必须放在社会经济、政治规则、过程与传统中去理解，这种规则、过程、传统可能是正式的，也可能是非正式的，这是制度转向的焦点；②强调多元主体的作用，重视政府、企业、私人等所有区域主体的集体动员，关注结成"集体"的制度形式；③从重视制度形式及构造到强调制度过程。阿敏和瑟里弗特（Amin and Thrift，1995）指出，重要的不仅是制度网络的存在，而是制度过程，强调制度、经济、文化、政治形成的共同演化，以此来理解区域发展的体制动力。

从计划经济体制向市场经济体制、从封闭向开放的制度转型，为中国带来了巨大的改变，这种制度作用的力量及其作用过程和机制是值得探索的重要命题。

2.2.2　制造业空间变化影响因素的实证研究进展

1. 制造业空间变化的传统因素

以工业区位论为核心的工业地理学是指导近现代制造业分布的基础理论。对我国改革开放前制造业布局影响较大的是苏联工业地理学理论，工业布局特点和影响因素是其主要的研究内容之一。普罗波斯特、萨乌什金以及苏联生产力委员会提出的社会主义生产力布局原则成为当时我国生产力布局的主要因素，奠定了我国现代制造业空间分布的基础。

20世纪70年代末，我国经济地理学者开始认真总结经验教训，提出正确认识和掌握生产力布局客观规律的问题。80年代，国内学者对于我国的生产力布局提出了系统的论著，成为影响改革开放后我国制造业布局的主要理论（见表2-1）。

表 2－1　　　　　　　　　　我国工业布局理论专著

年份	学者	专著名称	影响制造业空间分布因素
1981	魏心镇	工业地理学	社会经济、技术经济、自然资源、自然环境
1981	刘再兴	中国工业布局学	社会经济技术条件、地理位置和自然环境、人口（包括人口的数量、质量、分布密度等）
1990	陆大道	中国工业布局的理论与实践	自然因素（矿产资源、能源资源、水资源、地形、土地、天然航道与港湾、气候等）、经济技术因素（原有经济实力、协作条件与集聚效果、基础设施装备水平、技术水平、市场潜力、人口素质与数量等）、社会发展、政治要求和决策者意识、运输与运费因素、地理位置因素
1990	李文彦	中国工业地理	自然因素（自然资源、自然地理条件）、技术因素（技术水平、技术进步）、社会因素（人口数量及其劳动素质与生活习惯、已有经济基础、社会制度与经济管理体制等）、政治因素（国家政策、国际环境）和地理位置等
1994	王缉慈	现代工业地理学	入门因素（原料地与市场、交通运输、劳动力与资本、土地、水、能源、环境）、最活跃因素（技术）

资料来源：根据各人专著整理。

　　综合而言，传统工业地理研究将影响制造业的因素划分为：自然因素、经济技术因素、运输与运费因素、地理位置因素、社会发展政治要求和决策者意识因素。这些因素对制造业空间分布的影响主要体现在如下方面（魏心镇，1981；刘再兴，1981；陆大道，1990；李文彦 等，1990；王缉慈，1994；贺灿飞 等，2008）：第一，自然因素包括矿产资源、能源资源、水资源、地形、土地、天然航道与港湾、气候等。这些条件是工业布局的自然前提，是工业生产赖以进行的基础，通常表现为建厂的厂址开拓条件，生产时的原料、燃料供应条件，水源供应条件，污染物的处理和稀释条件等。我国是资源和生存空间并不富裕的国家，有些资源储量虽然丰富，但开发困难，甚至难以利用。由于地区分布不均，运输问题突出，限制了某些工业部门在某些地区的发展。但自然因素对工业发展、布局的影响程度在一般情况下是随着社会经济的发展而有所变化的。当社会经济和技术发展还比较落后或处于工业化初期时，自然因素的影响一般较大，有时是强制性的。到工业化中后期时，技术水平大大提高，人们摆脱自然因素局部闲置的能动性就会增强，如单位产品原料耗量和能耗的下降，运输技术的进步引起运费的降低，国际间贸易的发展，大范围内动力系统的建立与能源供应费用地区间差异的缩小等，都可能导致具体范围内自然因素约束力的减弱。

第二，经济技术因素包括原有经济实力、协作条件与集聚效果、基础设施装备水平、技术水平、市场潜力、人口素质与数量等，这些因素对工业发展和布局的作用往往是通过集聚效果、规模经济原理产生的。在具有一定经济基础的地区、城市、工业区扩建或配置新的企业，由于可以利用原有的公用设施、协作条件和技术支持，可以收到投资省、建设周期短、能较快发挥综合生产能力、生产成本较低、离产品消费地一般较近因而销售成本也较低等效果。对我国来说，这种集聚效果和规模经济的要求宏观上体现在强调在沿海地区多进行扩建与新建；中观上体现为工业企业接近已有的交通线、城市和工业区；微观上体现在工业区内工业企业成组布局，包括联合化、综合利用、共同建设和共同利用基础设施等。

第三，运输与运费因素是工业布局的前提条件，也是传统区位论中首要的因素。距离和运输因素对于生产中消耗大量的原料、燃料，因而产生大规模运量的钢铁、基础化学工业、建材、造纸、电力（火电）等原材料、动力、食品工业部门布局的影响尤为突出。由于运输技术的进步和区域政策的实施，运输因素对工业布局的影响也在发生变化。同时，随着经济技术的发展，产业结构和产品技术的变化，如电气、电子工业、精细化工等轻工业部门的空间选址更多地取决于市场、技术、信息、投资来源等社会经济因素。因此，从总体而言，运输与运费因素的作用呈下降趋势。

第四，地理位置因素包括自然地理位置和经济地理位置两个范畴，对于工业布局来说，后者更为重要。自然地理位置指区域所处的气候带、地形单元以及它与天然港湾、水体、天然生物资源、矿产资源等自然要素的空间关系；经济地理位置往往意味着经济协作条件的优劣，即是否能够方便地获得原料、燃料供应和信息、市场近便或易于输出输入等。这些因素都可以对工业发展和工业布局产生影响，但自然地理位置因素在中小尺度的影响力正在下降，在大尺度范围还在仍然起着作用，甚至难以逾越。但自然地理位置因素在历史发展过程中很少产生明显变化，因而它只是影响工业布局的潜在因素，而经济地理位置无论对于一个地区和地点，或者是对于一个工业企业和工业中心，其意义都在不断变化，所起的作用也要远大于自然地理位置因素。

第五，有利的经济区位、政治要求和决策者的意识也是影响工业重大项目布局的重要因素。如平衡发展、促进少数民族地区经济繁荣、保护生态环境、考虑免遭军事打击和破坏的要求等，也左右着制造业的空间分布。

总之，以上五个方面的多个具体的因素交织在一起，共同决定着工业企业的区位。在工业布局实践中，往往有一两个因素起着主导作用，其他因素起着辅助的、平衡的作用，甚至有些因素可以加以忽视。

在对影响因素有所深入研究的基础上，部分学者还论述了制造业在不同尺度上布局的重点因素。陆大道（1990）认为工业布局过程分为三个地域层次，即地区布局、地点布局和厂址布局，也可分别称为宏观布局、中观布局和微观布局。不同尺度影响因素的重要性并不一致（见表 2 - 2）。

表 2 - 2　　　　　　　　　工业布局主要阶段的影响因素

区位因素	地区布局	地点布局	厂址布局
一、自然因素			
矿物原料及燃料动力	＋＋	＋	－
水资源	＋	＋＋	＋
土地资源	－	＋	＋＋
地形、地质	－	－	＋＋

区位因素	地区布局	地点布局	厂址布局
二、经济技术因素			
现有工业基础	+ +	+	-
基础设施	+	+ +	+ +
集聚作用	+	+ +	+ +
居民、劳动力的质量	+ +	-	-
三、社会政治任务			
均衡布局	+	+	-
民族政策	+	-	-
环境保护与生态	-	+	+
四、运输及运费	+ +	+	+
五、经济地理位置	+ +	+	-

资料来源：陆大道．中国工业布局的理论与实践．1990．"＋＋"、"＋"表示各因素对布局产生影响的强弱程度，"－"表示基本不影响。

2. 制造业空间变化的新因素

自 20 世纪 90 年代初期起，影响我国区域发展的矿产资源、水资源、交通等传统因素的作用就逐渐下降。经济全球化、信息化、技术创新及体制创新在促进我国经济持续快速发展的同时，也在明显改变着我国的制造业空间发展格局，成为影响我国区域发展的新因素（陆大道，2003）。

（1）经济全球化

20 世纪 70 年代以来，发达国家的经济结构调整和产业扩散以及"布雷顿森林"金融体系的解体促进了全球范围内的产业转移和贸易自由化，逐渐形成了新的全球劳动分工，在经济全球化诸多的影响因素中，外商直接投资是主要载体之一（刘卫东等，2003a）。这方面研究主要围绕两个主题展开：

一方面的主题是探讨外商投资在我国的分布特点。贺灿飞等（2005）通过 FDI 对北京市产业地理空间变化的作用研究认为，前期外商投资对于跟进投资具有显著的示范效应、信息溢出效应以及产业联系效应，从而直接导致外资的产业累积效应。外商也强烈偏好资本技术密集型产业以及在国际市场上具有显著比较优势、盈利率高的产业。外商在充分利用其垄断优势、产业比较优势和竞争优势的同时，也尽量避开实际劳动成本较高和进入壁垒较高的垄断性产业。研究表明，外资企业的集聚程度由城内向外显著递减，依托交通干线和开发区，外资企业已经扩散到了北京的郊区县，推动了制造业的郊区化发展。刘卫东（2003a，2003b，2007）通过研究发现，广东、江苏、上海、福建、山东、辽宁、北京和天津等沿海省市一直是外资投入的"热点"地区，虽然国家在"西部大开发"中制定了鼓励外资投向西部地区的政策措施，但是这会在多大程度上改变外资进入的空间格局仍是未知数。经济全球化是一组在不同空间尺度上相互作用的过程，这些过程正在塑造新的经济空间，中国未来区域发展的基本空间格局最有可能是：在"T"字形空间框架上发展出若干个大都市经济区，不断影响着我国的制造业空间格局变化。

另一方面的研究是关于外商投资进入后，对当地制造业空间分布所产生的影响。FDI 对全球经济体系及各地方经济发展影响巨大。无论是流出区还是流入区都会经历剧烈的经济结构和空间重组。任志成、张二震（2007）通过 FDI 对就业的影响论述了对产业空间分布的作用，刘涛（2007）以山东省为例，分析了 FDI 的空间分布特点、地域结构变化的影响因素以及对区域产业空间的作用过程，赵辉（2006）研究 FDI 集中化对长三角区域产业发展的影响，认为 FDI 的集中化带来了区域产业的一体化与集群化。

（2）信息化

信息化的两大特征表现为信息网络的日益普及和信息产业的迅速发展，不仅带来了整个产业链条的转变，更使得空间组织关系也发生了相应的变化（甄峰等，2004）。近年来的发展实践证明，信息化已经成为促进工业化和整个社会经济发展愈来愈重要的因素。信息化的发展导致对信息依赖性大的产业、部门、机构在空间上集中（陆大道，2003）。

信息化对制造业空间变化的影响表现为对区域空间重组、城市空间演化以及企业空间组织等多尺度的综合作用（刘卫东、甄峰，2004）。信息化对区域城市空间结构、区域城市网络以及新空间形态的研究是信息化研究的热点（刘卫东、甄峰，2004；甄峰等，2001，2004，2007；年福华、姚士谋，2002）。从城市空间尺度来看，信息产业与传统工业有着不同的特征，它依赖信息和注重生产的工序。信息技术、传统的区位因素与全新的区位因素共同作用，成为影响信息城市产业空间分布的因素（阎小培，1999）。首先，技术本身成为影响信息城市产业布局的主要因素，同时，还使传统工业区位因素（交通成本、劳动力、集聚）的影响产生新的变化，另外，由于高新科技工业园区是信息产业空间聚集的结果，信息经济对城市制造业空间分布的影响，最直接的表现就是在高科技工业园空间布局的变化上（蔡良娃，2006）。

从企业的微观层面研究看，首先，信息化更新、节约、替代区域发展的资源要素。物资、能源、人力和资金是传统工业化时代区域发展的基础资源，而人的智力和物化在产品中的信息则是信息化时代区域发展的战略资源。在信息化的推动下，知识、技术、信息在区域资源结构中的比重增加，区域的资源结构趋于软化和智能化，实物型资源消耗的比重将有所下降，传统因素对企业分布的约束作用也相对减弱（方维慰，2007）。信息技术的广泛应用，导致制造企业的产品开发、业务流程、管理体制和生产模式的根本性变革（见图 2 - 1），主要表现为对制造业生产方式的改变：由实体制造向"虚拟制造"转变、由完全制造向网络化总装制造转化、本地制造向转移制造转化、由单纯制造向制造服务业转化、由封闭型技术研究向全球化合作研究转化。不仅如此，信息化还使管理模式发生转移，改变了企业架构（Poter M. E.，1998），提高了企业的决策效率等。国内还有学者从企业由功能管理、利润管理、产品管理、转向过程管理、赢利性管理、顾客管理，并注重加强产业链间合作伙伴企业的关系以及降低库存等更微观角度分析信息化对制造业企业产业链改造的作用（原利侠，2006）。

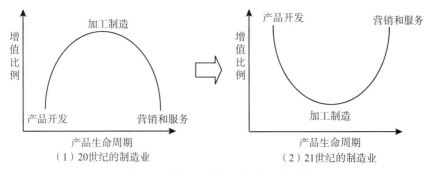

图 2 - 1　制造业的产品增值曲线变化

资料来源：周衍鲁．信息化对我国制造业发展影响的实证研究．山东行政学院山东省经济管理干部学院学报，2006，75（3）：62 - 65.

但如刘卫东、甄峰（2004）所强调的，尽管信息化在经济和社会发展中所起的作用越来越重要，但是信息技术的应用只是提供了一种可能或者促进发生的介质，并不是决定性的，在信息化发展过程中，政策等其他因素也是不可忽视的。

3. 研究评述

与理论研究发展趋势相似，对于制造业空间分布影响因素的研究也经历了由传统因素到新因素的变化。20 世纪 90 年代前的研究中，认为自然因素、经济技术因素、运输与运费因素、地理位置因素等传统因素对制造业空间分布有重大影响。自 20 世纪 90 年代初期起，影响区域发展的矿产资源、水资源、交通等传统因素的作用就逐渐下降。经济全球化、信息化等新因素开始明显改变着制造业空间发展格局，成为影响制造业空间分布的新因素。但过去多年来，制度因素也是对我国制造业空间变化产生重要影响的新因素之一。

中国改革开放，事实上是一个"薄"制度化的过程，中央权力下放，减少对地方的管制，在一定程度上促进了经济发展；但另一方面，地方政府也在积极地建立"制度厚度"，如区域形象设计、区域营销等，形成区域的目标与共识。这种情况下，制度的建立变成了一种地方间的竞赛，各地对外商都有优惠政策，一个比一个更优惠，使得各区域不断地增加自己的制度影响力。然而实质上，制度的"厚""薄"与经济发展并没有直接对应的关系，制度往往会在不同区域层次形成不同的发展态势，产生不同的作用结果。因此，只有更好地理解在不同尺度上制度的作用机制，才能够更好地实现制度转型，更好地平衡中央与地方之间的关系。正确把握促进区域经济发展的"精确制度"是探讨制度与区域发展的核心问题。

2.3   制度因素对制造业空间变化影响研究进展

2.3.1   非正式制度对制造业空间变化影响研究进展

在众多非正式制度研究方向中，对制造业空间分布产生的直接或间接影响的主要有包括网络和嵌入、学习与创新、劳动力市场和社会资本四个主要方面，现有研究都集中于对这些因素与产业集群产生及发展关系的论证。

1. 网络（networks）和嵌入性（embeddedness）

社会学的网络理论被杨和马尔伯格（Yeung and Malmberg）引入经济地理学的研究之中（Yeung，1994；Malmberg，1994）。近年来，对于公司和网络的研究显示学者们开始越来越关注工业企业和企业建网络的空间重构现象（Yeung，2000）。近期许多工业地理学研究都在论证网络和企业地理的关系（Camagni，1991；Amin and Thrift，1992；Dicken and Thrift，1992；Cooke and Morgan，1993；Grabher，1993；Thrift and Olds，1996），这些研究主要集中集中讨论了三方面的问题：（1）网络的组织形式；（2）企业和网络的地理集中；（3）网络对灵活生产系统的影响。研究结果认为，工业空间集聚和地方性生产网络的形成是网络对企业空间分布产生的最主要的两个地理结果（Malmberg，1996；1997）。对此结论也有佐证，如实证研究发现在马萨诸塞州西部的金属制造业、丹麦的家具制造业和英国的机械制造业都呈现出了有知识和技能嵌入网络之中而引发的集聚现象（Forrant and Flynn，1998；Maskell，1998；Pinch and Henry，1999）。

伴随着网络这种经济组织模式迅速发展，它日益成为国家、区域、企业、个人经济活动的重要影响因素（王缉慈等，2001）。国内经济地理学者对网络的研究主要集中在全球化与产业集群、区域发展的关系。刘卫东（2003b）认为在空间应用上，网络理论较好地解释了空间聚集和工业小区。由于地理上接近或文化、历史和社会心理状态相近，网络关系可能会集中于特定的区域，而不是均质化。就此而言，一个地方产业系统不能理解为单独公司的产业活动（即使是一个大的跨国公司），而是众多公司的集体行为。贾生华等（2008）对全球网络、本地网络对集群企业技术能力的影响进行了分析，研究认为，并非所有的外部网络效应都能够影响集群企业的技术能力，即使某些效应确实能够对集群企业的技术能力产生影响，其对不同技术子能力的影响程度也存在差异。另外，王核成、姜秀勇（2007）就本地网络、外部知识联系对浙江传统产业集群升级作用进行了探讨，杜江波（2004）还对中小企业集群的本地网络与外部知识作用进行了研究。

虽然本地网络的形成和发展要受到多种因素的共同作用，但嵌入性（embeddedness）仍被认为是本地网络形成和演化的重要原因。嵌入性最早由美国学者格兰诺威特（Granovetter）在《美国社会学杂志》上发表《经济行为与社会结构：嵌入性问题》一文中提出（Granovetter，1985），认为一切经济行为都嵌入在人际关系网络中，交易行为都是在社会互动中产生的，并且提出经济行为弱嵌入性（wake embededness）观点。即一方面承认经济行为嵌入社会关系当中，另一方面还承认经济行为的自主性。也就是说经济行为者不可能脱离社会背景采取行动、作出决策；但同时，经济行动者在追求经济目标实现的过程中，个体自我并没有完全淹没于社会关系当中，相反个体有广阔的自主空间（张其仔，1997）。格拉布赫

（Grabher et al.）在《嵌入性企业》一文中指出，企业与周围区域内的相关企业、供应商、客商、地方政府、中介机构、研究机构等行为主体结成网络，这种网络深深地根植于特殊的区域社会人文环境之中（Grabher，1993）。萨克斯尼安（Saxenian）将硅谷的成功归功于本地网络的发展，研究认为社会关系网络和人际关系网络发挥了重要作用（Saxenian，1996）。哈里森（Harrison，1993）也指出，本地网络的嵌入性对于产业区的发展显得尤为重要，否则区内企业的合作基础不稳固。

尽管"嵌入"的概念最初强调社会关系，但最近的研究已经将政府机构、政策、政治等因素纳入"嵌入"要素。从广义来理解，"嵌入"可以被理解为经济活动与社会结构、制度、政治和文化等因素相关的不确定性。它包括因网络和社会结构造成的结构性"嵌入"、因人自身心理状态造成的认知性"嵌入"、政治斗争造成的政治"嵌入"、文化"嵌入"等。自20世纪90年代以来，"嵌入"理论被逐渐用来研究跨国公司与地区之间的关系（刘卫东，2003b）。伴随着经济全球化进程的加快，作为区域经济发展载体之一的产业集群正出现新的特征——正快速以不同方式嵌入全球产业价值链（Humphrey and Schmitz，2000）。刘卫东（2003b，2006）理解外资与地区发展之间是一种被动嵌入（obligeted embeddedness）的关系，认为当外资为适应当地的"制度约束"而建立本地产业联系时，发生的是"被动嵌入"。即如果没有来自"制度约束"的压力，外资可能不会选择建立本地产业联系。当"制度约束"越强时，"被动嵌入"越可能发生，但同时外资也越有可能被"排斥"。在贸易障碍存在的情况下，外资的本地市场寻求的动机越强，"被动嵌入"就越可能发生。外资"容忍"制度约束的程度取决于东道国（地区）的吸引力，如潜在市场容量、区位优势、廉价生产要素等；而外资自身的"讨价还价"的砝码在于其资本、技术和管理优势以及其市场渠道。也就是说，"被动嵌入"是外资与当地的"制度约束"之间的协调的结果。

2. 学习与创新（learning and innovation）

20 世纪 90 年代中期，知识经济时代的来临和全球化浪潮的冲击带来了学习与创新研究的兴起。许多学者集中讨论了学习能力、创新环境等对企业空间分布的影响，主要研究内容是用企业所处的区域环境（local milieu）差异解释企业创新能力的差异（Feldman and Florida，1994；Saxenian，1994；Cooke，1995），工业集聚现象（Lung et al.，1996；Malmberg et al.，1996）以及区域专业化的模式（Malmberg，1997）等。研究者普遍认为，传统意义上对于"一个地区如何吸引企业"问题的探讨可以被更好的演化为如何解答"一个地区能够为企业提供怎样的区域环境，推动企业创新或学习能力的进步"（Malmberg，1997）。追踪分析研究文献可以发现，对于这个问题的解答可归结为三个主要的学说：（1）产业结构形态说。认为工业结构、专业化程度和地区相关工业的基础共同决定区域环境，从而影响企业学习创新能力，并在一定程度上导致了工业经济集聚（Malmberg，1996）。产业结构形态说对工业集聚现象的研究多以交易活动频繁的小企业集聚区，特定类型的集聚区如第三意大利（Pyke and Sengenberger，1992），或特定的工业行业如服装或家具制造业为案例。在此基础上，马库森（Markusen）的研究进一步区分了三种工业空间分布模式：包括中心—辐射型产业区、卫星型产业区和政府主导式产业集聚区（Markusen，1996）。（2）区域科技基础设施条件说。学说认为大学、研究所、科研机构和具有创新能力的企业间学习氛围的构建，对企业创新能力提升具有重要作用（Goddard，1997；Jones - Evans and Klofsten，1997）。弗里德曼和佛罗里达（Feldman and Florida）认为制造业企业创新能力和地区科技资源及创新基础设施具有较强的相关性，区域建立具有外部性科技资源（如科研机构、研发部门等）对制造业企业集聚和企业间贸易网络的形成具有促进作用（Feldman and Florida，1994）。赫梅林和麦克皮尔森（Hermelin and MacPherson）的研究也表明区域科技基础设施的供给对制造业企业创新能力的提升和企业集聚都具有推动作用（Herme-

lin, 1997; MacPherson, 1997)。(3) 制度文化说。这一学说从制度、文化视角阐释学习、创新环境对企业空间的作用 (Lee and Wills, 1997)。具有代表性的研究是萨克斯尼安对美国硅谷和 128 号公路地带进行比较时发现导致这两个起点、技术和市场相同的信息产业集群在 20 世纪 80 年代以来竞争能力大相径庭的根本原因可归结于它们在制度环境和文化背景上的显著差异 (Saxenian, 1994)。硅谷因为具有集体学习、网络合作和鼓励冒险的创新文化而适应了剧烈变动的竞争环境,相反 128 公路地区则因为崇尚集权和传统、鼓励稳定和自力更生的僵硬文化而急剧衰落。由此可见良性文化的氛围营造对企业集群竞争力培育尤为重要 (Saxenian, 1994)。与此同时,也有学者关注于对学习创新环境产生影响的其他制度因素,如习惯 (Storper, 1995)、信任 (Fukuyama, 1995)、公众文化 (Putnam et al., 1993)、民族精神和企业文化 (D'Arcy and Guissani, 1996) 等。

3. 劳动力市场 (labor market)

经济地理学从 20 世纪 90 年代中期起,开始关注劳动力市场,主要研究灵活的劳动力市场和弹性生产系统对工业重组的影响。赫罗德 (Herod, 1995) 指出,学界不仅应认识到劳动力市场会对产业区位产生影响,更应充分认识到劳动力 (人) 作为经济活动的主体,正在通过其行为创造和改变经济空间。在这一概念框架下,工业地理学中对劳动力市场的研究主要包括如下两个方面:(1) 劳动力市场重组 (labour market restructuring) 及其对工业空间产生的影响 (Mullings, 1999)。伊特灵格 (Ettlinger, 2000) 以日本、德国和瑞典作为案例区,发现劳动力结构变化将对区域生产系统和竞争力产生重要影响。如新移民和女性的进入将为原本劳动力单一化的生产系统带来前所未有的挑战,企业法规和生产习惯需要为此而做出改变。同时,弹性生产系统也对劳动力市场的多样性提出了新的要求。(2) 劳动力市场分割 (labour market segmentation) 及其对工业空间的影响 (Eberts, 2000; Hiebert, 1999; Pratt, 1999; Bauder, 2000; Bauder,

2001）。在此讨论中，学者更多关注于劳动力的不均衡布局对工业空间分布产生了怎样的影响。范（Fan，2001）以中国为例，揭示了户籍制度对移民和劳动力都产生了重要影响，从而进一步作用于工业空间重构。伊特灵格（2000）指出包括美国在内的许多发达国家的政府部门和私人部门都出台了相应的措施以应对劳动力市场分割现象，为了稳定现有的工业分布情况，这些措施都在一定程度上进一步加剧劳动力的不均衡现象，形成了工业空间不易被轻易改变的局面。

4. 社会资本（social capital）

社会资本这个概念在 20 世纪的中叶就有人提出，但直到 20 世纪 80年代以后，才日渐频繁地出现在国际性的学术文献中，并被经济学、社会学、政治学、人类学等多门学科从不同的角度进行了相关的研究，其已经成为诸领域学者们研究的一个交叉点。

社会资本对制造业空间分布的影响主要体现在对产业集群的成长作用上，一些学者对此进行了研究（Granovetter，1985；Harrison，1992）。学者大都认为社会资本是产业集群发展的重要条件，对于加快产业集群的发展具有十分重要的作用。然而我国的产业集群尤其是自然生成的产业集群大都建立在传统社会资本的基础之上，这种传统的社会资本不利于产业集群的进一步发展和壮大。应当促使产业集群组织的社会资本朝着开放、流动、竞合的方向发展，积极促进产业集群组织社会资本的投资和积累，以加快我国产业集群的健康和快速发展（杨艳琳、李魁，2006；向希尧、朱伟民，2006；薛普文，2000）。

社会资本在提高产业集群的竞争力方面还有明显的阶段性作用（石岩，2005），在产业集群形成的初期，社会资本对其的形成起着关键作用。这是因为在其他条件不变的前提下，产业倾向于集聚于在该产业具有较高的社会资本存量的区域中，产业所处的社会背景决定该地域的社会资本的初始存量，当地该产业社会资本存量的大小影响着该产业能否在此集聚。在产业集群发展、成熟过程中，社会资本加快了产业集聚速度，一方面，在其他外部因素不变的情况下，社会资本愈加丰富，产业集群的发展愈是迅速。丰富的社会资本必然意味着集群内高度的信任、发达的社会网络和有利的社会规范，这为企业提供了良好的发展空间，这些频繁的交流、密切的联系必然成为吸引新的产业特别是产业链加入这个集群环境中的亮点，因为入驻企业意识到在这个集群内可以更有利于自身的发展；另一方面，高产业集群社会资本存量为产业集群内部各个组织树立了好的声誉，这种声誉也会随着网络的不断扩张而向外传递，最终使本产业集群的整体实力剧增，这种社会资本边际效益递增的优势，加快了产业集群的发展速度。不仅如此，社会资本降低了集群内企业及相关机构间的交易成本，降低产业集群内企业的各种风险，成为企业技术创新的关键因素。

2.3.2　正式制度对制造业空间变化影响研究进展

关于正式制度对制造业空间变化影响的研究较为有限，现有研究对政府作用的重视不够。西方经济地理界关于正式制度的研究主要分为两个主要类别：第一类将"国家"作为个体单元。彼得·迪肯（Peter Dicken，2003）指出，"国家"作为全球经济的一个主要影响因素，具有十分重要的意义。国家是文化、政治、社会和经济过程以及体制的容器，不同的国家在这些方面具有较大的差异。国家能够行使其经济活动管制的功能，运用广泛多样的政策，影响其国内和跨国经济活动的水平和性质。同时，由于国家在全球经济中定位的多样化，以及根据各自不同的政治意识形态立场，各国制定的本国经济方式也呈现多样化的特点。国家干预程度有着广泛的不同。这些各不相同的经济政策，影响了各国在全球经济中的发展。第二类将研究对象定位于国家内的政府，研究范围集中在福利政策、科技政策、劳动力政策等几个有限的领域（Thomas，1998）。

正式制度研究的重要性是由我国特殊的政治体制和社会主义意识形态所决定的。中国制造业空间分布的形成过程可能不完全符合主流经济学解释，因为中国正处于政治经济转型时期，这个渐进的体制转型过程在很大程度上深刻地影响了经济转型和中国产业地理格局的形成。

由社会主义意识形态所决定，我国很早就认识到了正式制度对地理格局的作用。毛泽东在《论十大关系》就论证了重视社会发展、政治要求对生产力发展与布局的影响，强调生产力的发展要用来保证满足全体人民不断增长的物质和文化需要，要根据统一的总计划来协调生产力在全国的分配，要正确处理先进地区与落后地区的关系，特别要考虑到少数民族和边远地区的开发。此后，随着体制改革的不断深入和多元化，众多学者从不同方面探讨了正式制度对我国制造业空间布局及其变化的影响。依据产生的时间顺序，可将比较具有代表性的论点划分为如下三个方面：

1. 社会生产方式

国内关于制度因素对制造业空间变化影响的论述，最早起源于对社会生产方式的探讨。魏心镇（1982）指出，物质资料生产是一切社会存在与发展的基础，工业作为现代社会物质生产的主导部门，它的发展与总体布局必然受社会生产方式所决定。

早期研究认为，社会生产方式是生产力与生产关系的矛盾统一体，每一种社会生产方式都有其本身所特有的工业生产总体配置规律。在资本主义社会条件下，物质资料生产的私人占有制，其基本经济规律——剩余价值规律在整个国民经济中起决定性作用。资产阶级为谋取高额利润率，自发地把工业资金投放于旨在能保证最大限度利润的部门和地区，造成了工业生产配置的不平衡性，这种不平衡产生的根源就是资本主义生产方式。而以生产资料公有制为基础的社会主义社会生产方式，生产关系适合于生产力发展的要求。在社会物质资料生产过程中，劳动群众掌握了先进生产技术，有可能使工业生产力在一切有条件的部门和地区得到发展，同时由于国民经济有计划按比例发展规律的作用，要求各部门和地区工业生产在统一计划下遵守必要的比例关系，协调地发展。从而使社会主义工业生产有条件、有可能沿着均衡合理方向布局，达到合理利用自然资源，提高国民经济实力与劳动人民生活水平的目的。

这一时期学者认为：工业生产总体配置规律决定于社会生产方式，而社会生产方式对工业生产总体布局的决定性作用，是通过一定社会生产关系的各个方面综合——经济基础和与基础相适应的上层建筑进行的。在阶级社会中反应统治阶级意志的国家及其政治经济政策，对工业生产总体配置起决定性的作用；而社会主义国家依据经济规律，自觉运用规律对国民经济实行计划领导。国家经济职能的巨大组织作用，对社会主义工业生产总体布局的形成与合理发展起着决定性的作用。

2. 政治要求和决策者意志

20 世纪 90 年代，陆大道（1990）在总结我国工业布局经验，分析新中国成立初期生产布局产生失误、缺陷的原因时，强调了决策者意志偏差和管理体制问题两个重要的制度因素：首先，这种失误是由于决策者对于自然规律和经济规律的认识问题，以及对国内外政治经济形势判断的宏观决策错误导致的；其次，我国长期存在的条块分割的状态，在规划和计划订制、厂址选择、投资渠道、运营管理等方面自以为政的局面导致了中观和微观范围内的一些布局问题。

与此同时，在论述影响工业布局的主要因素时，陆大道（1990）将社会发展、政治要求和决策者意识列为最重要的五个因素之一[①]。这一阶段将政治要求和决策者意识即定义为：平衡发展，促进少数民族地区经济的繁荣，保护生态环境以及对政治军事形势的考虑。

研究认为：首先，由于工业是国民经济的主导部门，而且工业生产相对于农业来说具有较灵活的空间机动性，因此，工业布局常常被当作实现社会发展的某种政策目标的工具。例如，以较大的代价，优先开发少数民族地区的自然资源，发展基础工业，带动区域经济的发展。或者直接引进发达地区的技术设备建立分厂，提高较不发达地区的技术水平，以巩固民

---

① 影响工业布局的五个因素分别为：自然因素、经济技术因素、社会发展、政治要求和决策者的意识、运输与运费因素、地理位置因素。

族团结和政治统一；其次，在政治要求这类因素中，国防安全观点是个难于掌握，也是个有争议的因素。在 1949 年之后很长的时期内，这个因素被过分夸大，其带来的不良影响十分巨大。但是，对于关系国家要害的极少数企业的配置，应当在科学的军事战略事项的指导下，区分遭受直接打击可能性的大小，采取合乎要求的配置措施，政治军事形势因素对工业布局的作用直至以后都将是长期存在的；最后，一切自然的、经济的、社会政治的因素之决定着工业布局的实践，都需要经由人的评价、权衡和决策。决策者能否正确科学地行使，对工业布局成功与否往往具有关键性的意义。

3. 区域发展战略与区域政策

20 世纪 90 年代末，国内在关于正式制度对制造业空间变化影响的探讨，主要从区域发展战略与区域政策角度着眼。

区域发展战略是指区域经济开发中重大的、带全局性或决定全局的谋划。依据区域发展战略所制定的区域政策在很大程度上左右着制造业的布局政策。1949 年以来，中国区域经济发展战略经历了从平衡发展论到不平衡发展论，再到非均衡协调发展论的变革，伴随着区域经济发展战略的变革，区域政策也经历了三个阶段的演变：1949～1978 年、1979～1991 年和 1992 年以后（魏后凯、陆大道，2003）。

1949～1978 年，中国国家投资的地区布局和区域经济发展基本上受平衡发展战略的影响和支配。这种战略片面追求区域平衡发展目标，过度强调生产力的平衡布局和缩小地区差别，主张国家投资布局应该以落后地区为重点，有时甚至在资源分配和政策投入上采取撒胡椒面式的地区平均主义做法（魏后凯，1995；2001）。在这种影响下，国家投资的地区布局曾出现了两次大规模的向西推进：第一次在"一五"计划时期，第二次在"三线"建设时期。研究认为，这一阶段国家工业布局的主要方针是使工业接近原料、燃料产区和产品消费地区，提高落后地区经济水平，并注重布局在有利于巩固国防的地区。

1979～1991 年，为促进国民经济的高速增长，提高宏观经济效益，逐步增强国家经济实力，尽快缩小与发达国家的差距，国家采取了优先支持区位和经济条件较好的沿海地区经济发展的"东倾"政策。国家投资布局重点的转移，对广东、福建两省实行"特殊政策、灵活措施"，率先在沿海地区开辟经济特区、开放港口城市、经济开放区和保税区，这是80 年代国家实行的东倾政策的重要组成部分。与此同时，国家对贫困地区和少数民族地区也给予了一定的补偿。研究认为，这一阶段的"东倾"政策大大改善了沿海地区的投资环境。特别是，沿海地区凭借其区位优势、经济发展条件和国家优惠政策，逐步发展成为我国吸收外商直接投资的集聚地和外贸出口的重要基地。但这一时期的政策也导致产生了地区差距特别是东西差距不断扩大等问题。

1992 年以后，中国政府正式确定了地区经济协调发展的指导方针，先后对外开放了长江沿岸城市、内陆边境口岸城市和省会（首府）城市，提出了加快中西部地区乡镇企业的战略，实施了国家"八七"扶贫攻坚计划和西部大开发战略。研究表明，在整个 20 世纪 90 年代，国家投资布局和政策支持的重点仍主要集中在沿海地区，1999 年中央提出实施西部大开发战略后，国家投资布局和政策优惠的重点开始逐步向中西部地区转移。虽然这一阶段农村贫困地区开发取得了较大成就，基本实现了《国家八七扶贫攻坚计划》的目标，但是由于沿海地区凭借其区位优势、发展条件和政策优惠，地区经济持续快速发展，东西发展绝对差距并没有缩小反而继续扩大。

2.3.3　研究评述

虽然许多地理学家对经济地理学适应社会经济及学科发展需要，在研究区域发展过程中强调了制度因素表示肯定，但是对现有制度因素研究的内容和程度，仍存在争议。马库森（2003）认为，近 10 年来，制度转向中出现的许多概念是模糊概念，如柔性专业化、区域复兴、世界城市、合作竞争、社会资本等。这些概念论述的证据不足，分析方法有限，距离政策分析仍相差较远。

同时，目前经济地理学的"制度转向"最大的问题是在一定程度上忽视了"政府"的作用。现有研究在研究案例上，主要取决于发达资本主义国家，而且主要以分析发达国家的新产业区为主，集中于对非正式制度的研究，将分析的视野表面化、探究区域的水平网络与互惠关系，忽视了不同空间尺度管制的垂直秩序和社会关系的等级结构（Collinge，1999），也忽视了区域受国家的制度、规则和管制的影响。对于西方资本主义国家而言，这种影响或通过与劳动力市场教育与培训有关，或通过市场规则而执行；对于中国这类高度中央集权的社会主义国家而言，国家制度、规则和管制在各个方面都对制造业空间分布产生深刻的影响。

正式制度对我国制造业空间分布变化影响的研究具有重要的理论意义。国内早期对正式制度研究的"社会生产方式论"源于当时的一些特殊历史因素，虽然这些论点对于社会主义生产方式的理解过于狭隘和片面，产业布局均衡论也存在一定的争议，但是这种从正式制度角度入手的分析方法为解释我国经济地理学解释具有社会主义特点的产业布局状况提供了一个新的视角。后期的政治要求和决策者意志论、区域发展战略与区域政策论对我国政治体制转变过程把握准确、分析深入，为正式制度视角的制造业空间布局研究奠定了基础。

但国内现有对正式制度的研究也存在一定的不足：第一，从研究方向上看，现有研究倾向于论证政策变迁的原因及其历史背景，并评述政策实施后产生的产业布局合理程度，也就是政策的实施效果。这就在一定程度上孤立了两方面的联系，没有深入探讨制度对制造业空间布局变化影响的作用过程及内在机制。第二，从研究内容上看，现有对正式制度的探讨，在一定程度上局限在强调国家区域发展政策对区域差距及区域平衡/不平衡发展的作用，而忽视了我国特有的权力制度改革、土地制度改革等对中观、微观尺度制造业空间布局的影响。

2.4 现有研究总体评述与研究展望

产业区位问题是经济地理学研究的经典问题，从区位理论发展至今，经济地理学者已经对影响产业区位的因素做了大量的研究，取得了丰硕的成果。近30年来，西方发达国家经济发展方式由福特主义向后福特主义转化，在全球化及新信息技术革命的推动下，一些影响产业区位的新因素不断涌现，如全球化、信息化、制度因素等。在经济地理学"文化制度转向"的进程中，制度因素成为一个热门的研究内容，国内针对制度因素对产业区位影响的研究目前仍存在一定的不足之处，主要表现在如下几个方面：

第一，西方理论在中国并不完全适用，本土化研究相对薄弱。虽然我国在制度因素研究的进程中，已经取得了一定的进展，总的看来目前研究还未摆脱西方的羁绊，本土化的研究还相对滞后。西方对制度因素的理解更多地集中于非正式制度的内容，如网络、社会资本等，这在一定程度上是由西方国家意识形态、政治体制和社会文化特点所决定的。但由于我国和西方国家政治体制和文化上的异质性，对制度的理解和研究方向不能生吞活剥西方的模式，我们必须清醒地认识到制度研究的本土化是一个必然的需求，对制度的理解方向，必须从中国的社会实际出发，重视政府、国家政策、规制和管制的作用。

第二，适合国内特色的理论与实证研究仍然欠缺。制度对产业区位影响的研究尚未形成系统的体系，几乎停留在"前理论"的阶段。制度，尤其是正式制度的作用的理论发展具有强烈的时代特征，也反映了深刻的政治内涵，研究制度问题各国有各国的立场。近年来，国内学者通常只注重到国外现有的理论、模式应用到国内进行分析与诊断，很少有学者通过对国内具体的案例研究来发展真正能够解释中国制度作用过程新内容，研究过程中缺乏对于正式制度的关注。我国的政治体制具有一定的特殊性，因此，深入研究适合国内特色的理论框架与实证内容具有重要意义。

第三，对制度作用机制问题的研究有待深入。制度的作用过程是中央政府—地方政府—企业之间的博弈和利益权衡过程。从本质上讲，制度概念的出现，实际上反映了经济领域以至追求的"计划与市场的平衡"思想在社会领域的全面延伸和普遍化。因此，制度的作用并非传统计划经济或市场经济某一种政治体制才会遇到的问题，或某一体制擅长的专利，而应该是世界范围所应当关注和研究的问题。现有对制度的研究仍停留在对制度介绍及制度所产生的结果的描述，仍欠缺对制度作用机制的深入研究。

综上所述，我国制度作用的理论研究在汲取国外先进成果的同时，应更加注重对中国实际情况的认识，加强对于正式制度对制造业空间分布变化影响的研究，从实际情况出发构建符合我国国情的制度研究框架，深入挖掘对外开放政策、权力制度改革、土地制度改革等制度变迁对制造业空间分布影响的内在机制。

第 3 章

制度对制造业空间变化
影响的作用机理

3.1　制度的概念及基本内涵

3.1.1　制度的概念

对制度的研究本应从制度最初产生的时候开始，可是正如袁绪程在《传统制度的起源与变迁——中国传统社会制度研究之三》中所说："'古代'早已流逝，时间女神留给我们的只是残缺的历史碎片……我们只能假设。"迄今为止，学界关于制度的起源并无定论，我们无法追溯。不过可以肯定的是，当今学界对于制度的重要性是普遍认同的。

制度（institution）的内涵极为丰富，不同学科中的不同学者对制度的定义不尽相同。早期的制度主义者由于缺乏对制度进行分析的适当工具，对制度的定义较为笼统，且多沿用人们习惯的思维方式，把制度理解为思想习惯或组织机构。美国制度主义学派创始人维布伦（Veblen）认为"制度是个人或社会对有关的某些关系或某些作用的一种思想习惯。"（Veblen，1899）；考门斯（Commons，1934）从稀少性引起的冲突出发，指出"制度是集体行动控制个体行动。集体行动可能抑制、解放和扩张个人行动"；舒尔兹（Schultz，1968）将制度定义为"一种行为规则，这些规则涉及社会、政治及经济行为"。

随着博弈论的发展，经济学家们开始运用博弈的方法来分析制度。在博弈论的框架下，有关制度的定义可区分为两种不同的类型。第一种是博弈规则论。其代表人物诺思（North，1990，1994）认为："制度是一系列被制定出来的规则、守法程序和行为的道德理论规范，它旨在约束追求主体福利或效用最大化利益的个人行为。""制度是一个社会的游戏规则，更规范的说他们是为决定人们的相互关系而人为设定的一些制约。""它们由正规的成文规范和那些作为正规规则的基础与补充的典型非成文行为准则所组成。"奥斯多姆（Ostrom，1990）认为制度是博弈规则。胡维克兹（Hurwicz，1993，1996）指出一组人为的、并且具有可实施性的针对人类行为的限定可构成一项制度。这种观点强调了制度规则的可执行性，但仍未解决制度的规则究竟是内生的还是外生的这一本质问题。

第二种博弈均衡论的最早倡导者是舒特（Schotter，1981）。苏格顿（Sugden，1986，1989）、杨（Young，1998）提出了演化博弈概念，其主要观点是：博弈参与人的行为习惯可以自我行成，不需要通过规则实施或人为设计加以影响。当规则或博弈环境演变时，参与人在进化选择的压力下，会倾向于发展某些适应性更强的特征。制度和参与人将同步发生演化。随后，重复博弈制度观由格里弗（Grief，1989，1994）、米尔格罗姆等（Milgrom et al.，1990）和卡尔维特（Calvert，1995）提出。这一学派认为：在博弈框架下，两个相互关联的制度要素是预期和组织。组织是非技术因素决定的约束，它们通过引入新的参与人，改变参与人所得的信息，或者改变某些行动的报酬来影响行为。这些学者用超理性均衡的观点（如子博弈精炼均衡）证明了策略组合一旦形成，就将是自我实施和可维持的。在此基础上，博弈均衡制度论的典型代表青木昌彦（2001）强调了制度的信念结构和再生性，将制度定义为"以博弈重复进行为主要方式的共有信念（shared beliefs）的自我维持系统。"他认为，尽管制度是以重复博弈的方式进行的，但是博弈规则是由参与人策略互动内生的，存在于参与人的意识之中。这就意味着制度是内生的，作为信念的自我维持系统，其实质是对博弈均衡的概要表征（summary representation）。制度也许存在于人们的理解中，也许存在于人们头脑之外的某种符号表征中。在任何情况下，如果某些信念能够被参与人共同分享并维持，且具备足够的均衡基础，就可以逐渐演化成制度。

综上所述，中西方经济学界的众多学者对制度进行了定义，不同制度学派所强调的制度内涵有所区分，主要体现在三个方面：第一，对人的理性的强调不一样；第二，不同主体在制度变迁中的地位和作用具有差异性；第三，不同时期的制度所处的状态不一样。主张制度是博弈规则的学者，一般强调人具有较高的理性，强调制度变迁的过程，尤其是制度形成的初始状态；主张制度是自发生成的学者则强调人具有非常有限的理性，强调制度的最终均衡状态。然而，这两种思路并不是完全对立的。事实上，不同学派之间常吸收彼此的观点，存在着一定互通相融的趋势。其共同点表现为：第一，制度是一套规则；第二，制度是对人们行为和相互关系的约束和限制；第三，制度是一个体系。总体而言，制度就是制约人们行为、调解人与人之间利益关系的一系列社会承认的规则，这些规则涉及社会、政治及经济行为。

3.1.2 制度的构成

制度种类繁多，覆盖范围广泛，可从不同层次或角度对其构成进行考查。诺思就先后有过几次不同的分析。早期诺思对制度进行过"基础性制度安排"和"第二级制度安排"的划分。在《经济史中的结构与变迁》中，诺思又将制度区分为宪法、执行法和行为规范。在此基础上，诺思在《制度、制度变迁与经济绩效》中对制度进行了新的划分。诺思指出，制度提供的一系列规则具体包括由社会认可的非正式制度、国家与组织规定的正式制度和实施机制三部分所构成（North，1990）。这是依据制度作用方式与演进替代机理所进行的横向划分，也是目前最广泛为学界所接受的划分。

正式制度是（formal constraint）指人们有意识创造的一系列政策法则，包括宪法秩序和作为操作规则的政治规则、经济规则、各种契约，以及由这一系列的规则构成的一种等级结构。非正式制度是人们在长期交往中无意识形成的，具有持久的生命力，并构成代代相传的文化的一部分，其内容主要包括价值观念、伦理规范、道德观念、文化传统、风俗习惯、行为准则、思想信仰和意识形态等。非正式制度（informal constraint）一般包括对正式制度的扩展、细化和限制，包括社会公认的行为规则和内部实施的行为规则。实施机制包括实施的主体（组织或个人）、实施的手段、实施的程序等（North，1990）。

正式制度和非正式制度具有如下特点：第一，在正式制度设立之前，人们之间的关系主要靠非正式制度维系。至今，人们生活大部分空间仍然由非正式制度制约，正式制度仅占制度中很少的一部分。第二，非正式制度的产生减少了衡量和实施的成本，使交换得以发生。但是，如果没有正式制度，缺乏强制性的约束，就会提高实施成本，阻碍复杂的交换发生。社会越复杂越能够提高正式制度形成的收益率。第三，正式制度可以在一夜之间发生变化，但是非正式制度的改变却是长期复杂的过程。正式制度通常只有在社会认可，即与非正式制度相融合的情况下才能够有效发挥作用。因此，改变正式制度与持续的非正式制度之间的差异性，对社会进步和经济增长具有至关重要的作用。同时值得注意的是，判断一个国家的制度是否有效，除了考察正式制度和非正式制度是否完善外，还应考察制度的实施机制是否健全。

正式制度与非正式制度是相互生成的，相辅相成的。非正式制度是正式制度的扩展、细化和补充，同时正式制度也为非正式制度提供权威性的支持和保障。虽然任何正式制度作用的有效发挥，都离不开一定的非正式制度的辅助作用，制度力量的发挥来源于正式制度和非正式制度的相互确认，来源于规则与信念的交互作用，但本论文的研究将主要侧重于对正式制度的研究，即国家正式出台的法令法规、政策方针等。

3.1.3 制度的功能

制度为人类社会构建了相互影响的框架和竞争合作的关系，其功能主要包括效率功能和分配功能。其中，效率功能是指能够提高受这一制度影响的所有参与人的整体福利水平；分配功能即改变受制度制约的不同经济主体的总收益和（或）收益份额。

制度提高效率的功能主要通过两个方面实现：一方面是降低成本，另一方面是创造合作剩余（罗能生，1998）①，降低成本即降低交易费用。科斯（Coase，1937）将交易费用定义为运用市场价格机制的成本，包括发现贴现价格，获得精确的市场信息的成本，以及交易人之间谈判、讨价还价和履行合同的成本。威廉姆森（Willianmson，1985）认为交易的频率、不确定性和资产的专用性决定交易费用的大小。从节约成本的角度看，制度降低成本的功能主要来源于节约信息费用、分摊风险和降低不确定性等。从创造合作剩余角度看，制度的效率功能可能来源于三个主要方面：一是更易实现交易从而实现分工和规模经济（杨小凯、张永生，2003），二是降低交易时间和成本，从而能够将更多的资源投入到生产中去，三是促进资源合理配置，促进资源从低效率部门流向高效率部门，实现优化组合。

从投入产出的角度看，效率功能就是单位投入下降或单位产出增加。但效率功能的实现并不意味着参与人的福利状况得到改善，也不意味着所有参与人的收益或收益份额都有所增加。由此可见，制度的效率功能和分

---

① 这里沿用了已有的关于制度绩效的分析传统。实际上，越来越多的学者认为交易费用是内生决定的，因此节约交易费用与创造合作剩余往往是同时实现的，两者之间并不存在严格的区分。有关交易费用的讨论可见杨小凯（2003）和汪丁丁（1995）。

配功能可能存在冲突，也可以同时实现。但在现实生活中，制度实现效率功能更为常见的方式是，通过改进再分配规则（提供激励结构）而实现效率功能。

3.2　制度变迁的含义与机理

3.2.1　制度变迁的定义、主体及过程

任何制度都有产生、发展和消亡的过程。在历史的长河中，制度是不断发生着变化。制度变迁是指制度的替代、转换与交易过程（North and Thomas，1973）。作为一种"公共物品"，制度变迁存在着种种技术和社会的约束条件，其过程可以被理解为一种效益更高的制度替代另一种制度的过程。在这个过程中，实际制度需求的约束条件是制度的边际替代成本（即机会成本）。

广义而言，所有参与制度变迁过程的人或机构都是制度创新的主体，但不同参与者在不同时期所起到的作用是不同的。达维斯和诺思（Davis and North，1971）区分了第一行动团体与第二行动团体，他们认为政府在强制性制度变迁中发挥主导性作用。由于制度具有公共物品的特性，自发性制度创新难以达到社会最佳水平。政府推行强制性变迁可以弥补自发性制度变迁的不足，使制度供给尽量达到均衡状态。制度供给是国家的基本功能。在社会自发性制度变迁中，政府充当"第二行动集团"，帮助"第一行动集团"（个人和集体）获取收入从而进行制度安排。林毅夫（Lin，1994）对诱致性制度变迁与强制性制度变迁进行了区分。诱致性制度变迁指现行制度的变更与替代，由个人或一群人在响应获利机会时自发倡导、组织和实行。其根源包括科学知识存量的提高增加了人们制度创新的能力，生产要素和产品价格长期变动导致利益主体变化，制度结构要素变迁

导致对另一种制度有所需求等。与此相反，强制性制度变迁是由政府命令、法令以及各项政策导入所推动的制度变迁。由于统治者具有偏好，当利于其高利益追求时，统治者就会推行新的制度安排以强化机理。杨瑞龙（1998）强调了中间扩散式制度变迁方式；黄少安（1999，2000）提出了制度变迁角色转换假说。这些分析对不同主体在制度变迁中的作用进行了区分。

关于制度变迁的过程，不同学者也持有不同看法（王霞，2009）。达维斯和诺思（1971）指出在初始制度均衡中，由外在环境变化引起潜在收入增加时，就会使制度变迁的收益大于成本，形成制度的非均衡，从而发生将外部利润内部化的制度变迁，制度供给与需求达到均衡状态。当制度出现新的外部利润时，原有的制度不能使收益内部化，制度将开始新一轮的创新。制度变迁的步骤就表现为由不断的均衡到不均衡、又到新的均衡的过程，即：相对价格发生改变——制度非均衡——一级行为团体出现——二级行为团体提供必要的制度装置——制度均衡再现。其过程分为认知和组织、发明、菜单选择和启动等阶段，而这四个过程还可以进一步细分。青木昌彦（2001）从进化博弈理论揭示了制度变迁的过程，他认为个体参与人在任何时期仅仅在其可能行动集的一个小子集中选取行动，外在环境的变化使得在现有制度框架里的行动产生了预期与收益间的差异，引起参与人重新评价和修正他们行动的主观集合及行动的规则，这将产生一个新的均衡战略组合，最终导致新制度的出现。这一过程可概括为：环境的变化（技术变迁、外在冲击以及在相关领域内的互补制度的变迁）——现存的理性集合所限制的选择不能适应变化的环境的需要——在现有制度框架里行动产生预期与收益之间的差异——在具体的情况下寻找新主观博弈模型——新的理性选择集合的重新定义——新型的战略选择——新制度出现。上述学者对制度变迁过程的解释是充满创建和富有启迪的，但也不免存在一定的局限性。诺思的模型以新古典分析方法为基础，强调了均衡而非动态演进。然而实际上，制度变迁是长期的动态过程，也具有路径依赖性，将长期历史路径的分析和短期均衡思路相结合是研究制度变迁的必然趋势。青木昌彦提出的博弈理论则适用于对非正式制度和滋生制度变迁过程的解释，而对于需要借助于集体行动才能实现的正式制度的变迁却缺乏充分的解释力。

3.2.2　制度变迁的机理

任何制度都不是万能的，制度变迁实质上是对交易协调保障机制的调整，调整的对象包括交易主体利益分配和交易费用的分摊。因此，制度变迁本质上就是对交易主体间利益和交易费用的再分配，是人们追求自身效益扩大化的手段。在社会中，人们有不同的偏好和利益集合，因而存在着大到国际组织和国家，小到企业和个人的利益主体，各个大小不一的利益主体在给定制度体系下相互博弈，以实现制度实施方式向有利于自己的方向倾斜，尽可能地扩大收益、减少其分摊到的交易费用，从而获得最大的制度效用。

基于如上判断，可以用一个简化的模型阐释制度变迁的机理。假设在一个制度环境下仅有 A 和 B 两个利益主体，则可以用制度效用曲线（institutional benefit curve，即 IBC）来解释制度变迁的过程和 A、B 二者的关系（齐超，2009）。

图 3 - 1 中存在制度效用曲线 a 和 b。在制度环境 a 下，假设社会制度的实施完全有利于保障利益主体 A 的效用，但由于人的有限理性和社会科学知识积累存量的限制，利益主体 A 能获得的最大制度效用为 A。同理，当社会制度的实施完全有利于保障利益主体 B 的效用时，其能获得的最大制度效用为 B。然而，社会制度环境往往要均衡两方利益，而非完全让一方受益。在这两种极端假设中，存在许多可能性选择。如曲线 a 上兼顾利益 A、B 两个利益主体的点 C 和点 D。由此，可得制度效用曲线：IBC = f(x, y)。在制度效用曲线 IBC 中，y 轴表示利益主体 A 可获得的制度效用，x 轴表示利益主体 B 可获得的制度效用。

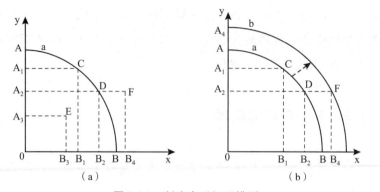

图 3 – 1　制度变迁机理模型

资料来源：齐超. 制度变迁动力理论研究. 吉林大学博士学位论文，2009. 本书作者有修改。

制度变迁的模式可分为调整性变迁、能动性变迁和规定性变迁。如图 3 – 1（a）所示，点 C 向点 D 的变迁表示减少利益主体 A 的制度效用（$\Delta f(A) = A_1 - A_2$），而增加给予利益主体 B 的制度效用（$\Delta f(B) = B_2 - B_1$），也就意味着制度实施向有利于利益主体 B 的方向倾斜。这种变迁为调整性变迁，即在制度总体效用没有本质性提升的情况下，通过制度变迁调整利益主体 A 和 B 之间的分配模式。

曲线 a 上的点都是具有较高制度效率的点，表示利益主体均从既定的制度环境中达到了可能实现的最高制度效用。曲线 a 之内的点，如点 E 表示虽然制度本身相同，但是由于社会发展阶段、经济发展水平等决定社会环境或利益主体对制度的认识、利用和实施程度存在差异，导致制度在实施过程中并未达到应有的目的和作用，因而无法使利益主体 A、B 获得应得的制度效用。点 E 向曲线 a 上的移动是制度的能动性变迁。代表制度的实施在由非效率最大化向效率最大化改进。虽然制度在能动层面上发生了变迁，但是其规定性的条文并没有被改写或废止，所以这一变动过程是量变的过程，而不是质变的过程。

图 3 – 1（b）中所示，在曲线 a 外的点表示在此制度环境下，利益主体不可能达到的制度效用水平，如点 F 的制度效用水平。政权变化、管理部门发展思路变化、社会环境变化或利益主体间矛盾激化等均可导致制度

环境由量变向质变的演化。规定性条文被改写、废止或新的规则被设立均可使在原有制度体系下无法达到的制度效用水平（如 F）得以实现，从而使各利益主体从这一规定性制度变迁中获益。

无论是正式制度还是非正式制度的变迁，都是利益主体间进行再博弈，权利和义务再分配的过程。非正式制度的变迁较为困难，过程也相对漫长。而正式制度的变迁往往是在调整性层面或能动性层面发生作用，只有制度变迁的社会总收益会远超出其所花费的成本时，才有可能发生规定性制度变迁，废止、修正乃至重新创立制度条文，使制度系统达到一个新的均衡。改革开放以来，在不同的发展时期，鉴于社会环境和经济发展水平的不同，我国的公共政策经历了调整性变迁、能动性变迁和规定性变迁的过程，对经济发展和产业空间分布起到了至关重要的影响。在这些不同层面、不同程度的制度变迁中，哪些因素影响了制造业的空间变化，作者将在下一节中解析。

3.3　制度对制造业空间变化的影响因素与机制

3.3.1　制度对制造业空间变化影响的特征

1. 复杂开放性

制度变迁和制造业空间变化之间相互作用的系统不是一个孤立封闭的系统，而是结构错综复杂的开放巨系统。该系统中各项制度之间、制造业各产业门类之间以及制度要素和制造业发展之间都存在着极其复杂的非线性相互作用，并且这一系统的内部与外界环境之间（如地域载体、除制造业外的其他产业门类等）存在着大量的物质、能量、价值与信息的交流和交换。根据熵增原理和耗散结构理论，复杂系统保持特定结构性和功能性特征的平衡状态的充分必要条件之一就是处于外界环境的连续作用下，有序系统不断演化以达到"熵"最小化。制度因素和制造业发展之间错综的相互作用使得地理要素的微观行为不断演化，得到协同合作，产生出宏观的"序"，其结构形成了错综复杂的层次结构体系，这些制度要素、制造业发展要素、非线性关系要素以及外部环境的有机集合，构成了一个复杂开放的巨系统。

2. 路径依赖性

由于制度变迁的过程具有自我强化、自我累积的路径依赖性，旧制度的绩效对现在和未来将具有强大的影响力，因此制度对制造业空间变化的影响过程也具有路径依赖的特点。然而，这一路径依赖特征并不是历史决定论。路径依赖的特征为制造业空间优化的发展过程刻画了路径依赖槽（path dependence groove），即沿着路径依赖的每一个阶段都有政治和经济上的选择，只是由于旧制度的历史沿革导致选择集合具有一定的限制，在没有外部压力和内部危机时，变革旧制度的成本会居高且足以阻止变革本身，使得制度和制造业空间变化二者之间的关系延续历史路径；但随着外部压力不断增大，内部改革力量不断积蓄，社会往往会从路径依赖槽内寻找新制度环境，提高制度效率，导致制度和制造业空间变化二者之间的关系沿着路径依赖槽渐进，实现绩效递增。

3. 动态演化性

在制度因素对制造业空间变化产生影响的过程中，制度及制造业的复合系统以及各子系统之间的功能、结构和均衡格局时时刻刻都在经历动态的变化、调整。同时，制度与制造业空间变化二者之间的相互关系也在发展、演化的过程中从不均衡逐渐趋近均衡，从一种均衡转化为另一种均衡。二者之间任何时刻的博弈结果和均衡程度都是对于前一时期的状态所做出的评价，是对前一时期制度环境和制造业发展之间不协调状态的优化调整，因此二者之间的协调度是动态变化的，某一时期的协调关系可能在发展中变得不协调，就会进一步得到调整。同时，对于不同阶段二者协调度的判断也应与制度健全水平、产业发展阶段和社会经济发展程度相对应。

4. 空间尺度性

制度因素种类繁多，体系严谨。每项制度都具有其特有的影响范围，即制度的尺度。制度尺度有宏观、中观和微观之分，这也与制造业的空间分布尺度相耦合。有些政策辐射至全国层面，对制造业的宏观布局产生深远影响，而有些政策仅对部分企业具有作用。制度因素和制造业分布的空间尺度性，有两个具体表现：一是不同地域尺度上（宏观、中观、微观尺度），影响制造业空间分布的制度因素各异。二是同一尺度的不同地域由于存在制度分异，其对制造业空间分布产生的影响也不尽相同。这种制度分异可能源于各空间尺度制度要素健全程度不同、也可能是由各区域制度内容各异或制度实施力度不同导致。

5. 整体最优性和范围有界性

制度对制造业空间发展的影响呈现整体最优的特征，这种最优往往是最大限度地发挥二者相互促进的作用，获得整体大于部分之和的合力效应，促进制造业发展和产业空间分布的整体优化。但是值得注意的是，制造业空间分布存在合理的范围，虽然制度是可以通过不断优化的以影响制造业的空间分布，但仍需遵循产业布局原则。因此，制度对制造业空间变化的影响程度是一个区间标准，这一区间与区域一定时期的发展程度以及产业布局的基本原理相适应。

3.3.2　制度对制造业空间变化的影响规律

1. 制度变迁及制度效率的变化规律

制度的状态和控制能力会随着经济社会发展环境的变化而不断变化。

如图 3-2 所示，在改革的一个阶段内，制度变迁最优状态曲线是时间的增函数，即制度向好的方向变迁。制度控制能力最优变化曲线是时间的减函数和凹函数，但最小值大于零，即制度的控制力度随时间衰减，并且衰减力度递增，但最低改革程度大于 0，改革始终在前进（周高宾，2006）。

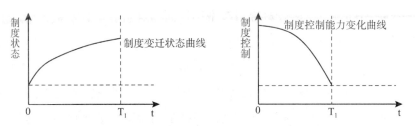

图 3-2   一个阶段内制度变迁最优状态及制度控制能力变化规律

资料来源：周高宾. 中国经济制度变迁——强制性制度变迁程式化研究. 广东外语外贸大学硕士学位论文，2006. 本书作者有删改。

图 3-2 是理想状态下 $t = (0, T_1)$ 时段的制度变迁曲线，时间 T_1 具有人为设定性，由 $0-T_1$ 属于一个制度变迁阶段。但历史是不断前进的，制度的变迁过程也是如此。历史的发展由多阶段的制度变迁构成，如图 3-3 和图 3-4 所示，$0-T_1$、T_1-T_2、T_2-T_3 和 T_3-T_4 构成了不同的改革阶段。随着改革进程的阶段性推进，改革具有渐进的周期性特征。

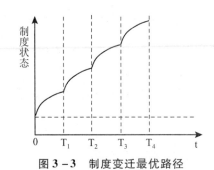

图 3-3   制度变迁最优路径

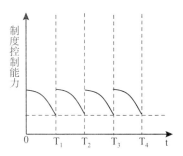

图 3 - 4 制度控制能力最优路径

资料来源：周高宾. 中国经济制度变迁——强制性制度变迁程式化研究. 广东外语外贸大学硕士学位论文，2006. 本书作者有删改。

图 3 - 3 和图 3 - 4 很好地解释了改革周期性的渐进过程。制度变迁不断向实现更高的制度效用迈进，制度的控制能力也以同样的周期从最大值衰减到政府保留的改革力。$t = 0$ 时刻时，假设制度环境为 A。在制度变迁与经济增长相适应的过程中，由于社会经济发展状态对制度不断适应，其增长速度将逐渐放缓。当社会经济发展缓慢到一定程度时，政府就会选择改革旧体制 A，加大制度变迁力度，推出新制度环境 B，以增加制度效用，提升改革收益，将制度环境推进到一个新的阶段。随着新改革措施 B 的实施，社会经济增长速度将会得到显著提高，这即是图 3 - 3 中从 T_1 时刻到 T_2 时刻的质变过程。但在制度环境 B 阶段，政府或制度实施主体仍面临改革成本逐渐上升，经济增长相应放慢的过程。随着政府降低改革成本的努力，制度变迁过程会再次出现较大的变迁力度及平稳下降的过程，即 $T_2 - T_3$ 和 $T_3 - T_4$ 阶段等，使制度变迁路径呈现周期性波动现象。

同时，政府为了获得更高的制度效用，在 $t = T_1$ 时刻进行制度变迁，实施 B 改革措施，意图使得制度效用有大幅度提升。但在渐进改革的过程中，新旧体制之间以及新体制与当前发展状态之间会存在一定的矛盾，二者之间的摩擦成本上升。在改革不可逆的情况下，为了获得尽可能高的制度效用，政府或改革实施主体通常会调整改革措施，放慢改革力度，以降低摩擦，减少成本，使新制度和当前发展状态相互适应，协调共进。这也正是图 3 - 4 中制度控制能力向下衰减的原因。

2. 制度对制造业空间变化的影响过程

制度环境与制造业空间优化水平之间的协调系数（c）反映了二者之间的协调程度。在制度环境相对稳定的情况下，制造业空间优化水平呈 S 型曲线增长。随着制造业空间优化水平的不断提高，旧的制度环境会在一定程度上制约制造业发展，制度效率水平呈现反 S 型曲线下降，并且下降的速度与制造业空间优化水平的增长速度是相对称的（见图 3 - 5）。如果用这两条曲线变化率的算术乘积的绝对值来表示制度环境与制造业空间优化水平之间的协调系数，即假定社会经济系统总是以协调制度环境与制造业空间优化水平之间的矛盾为发展目标，则在一个有利于制造业空间优化水平提升的制度环境新建的初期，二者的协调系数 c 处于不断提升的过程，而当制造业空间优化水平在 T 时期发展到一定水平时，原有的制度环境不能满足进一步发展需要，就会在一定程度上制约制造业空间优化的程度，使得二者之间的协调系数不断下降。制度效率与制造业空间优化水平之间的协调系数呈现倒"U"型曲线分布（见图 3 - 5）。在这一过程中，在 0 - T 时期，制度对制造业空间优化水平主要呈现正向约束和辅助提升的状态，在 T 时期后，制度对制造业空间优化水平主要呈现反向制约状态。

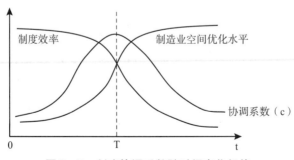

图 3 - 5　制度协调系数随时间变化规律

资料来源：本书作者绘制。

3. 制度及制造业空间变化的影响方式

制度对制造业空间变化的影响方式是循序渐进式的。这与我国实行的改革方式为渐进式改革直接相关。主要表现为：增量改革、试验推广和非激进改革（林毅夫、蔡昉、李周，1993）。（1）增量改革。不从资产存量的再配置入手，在资产增量的配置上引入越来越多的市场机制的改革方式。比如，在国有企业之外允许非国有经济的存在和发展，非国有经济主要按市场方式运作。再如价格双轨制，即控制存量产出价格的同时，放开增量产出价格，承包经营责任制；保证存量利益的前提下，增量利益由承包人（厂长、农户）支配。（2）试验推广。改革大多是从小范围的试验开始的，在试验取得成果并进行总结的基础上，再加以推广，由点及面，逐步扩大实行范围。比如对外开放先建立四个经济特区作为窗口和试点，然后再推广到沿海开放城市、沿江沿边开放城市及内陆省会城市等。这种试验推广、边干边学的改革方式可以减少改革的风险，把试错成本分散化以避免大的决策失误。（3）非激进改革。我国政治体制改革从农村到城市、从点到面、从增量改革到存量调整、从体制内调整到体制的根本变革无不反映出循序渐进的特点。这样不仅可以充分利用现有的组织组员，保持制度创新过程中制度的相对稳定和有效衔接。同时还可以减少改革的摩擦成本（樊纲，1993）。但渐进式改革也有一些缺陷，主要表现在长期存在的各种扭曲导致效率损失；改革的曲折、反复和体制摩擦使实施成本增加；改革中易出现的寻租、腐败，以及各种假冒伪劣泛滥等。

值得注意的是，改革过程中始终坚持公有制的主体地位是我国经济改革的重要特点。同时，尽管在我国的改革过程中多种制度变迁方式是并存的，但是由政府实施的强制性制度变迁方式从总体上看来处于主导地位。政府在改革中的主导地位不仅体现在供给主导型制度变迁方式上，也体现在中间扩散性制度变迁方式上。这种供给主导型制度变迁方式具有纵向推进、增量改革、试点推广、利用已有组织资源推进改革等特征，它在以较低的摩擦成本启动市场化改革方面发挥了重要的作用。随着行政分权和经济分权的进展，地方政府在制度创新中的作用，尤其是在本区域制度创新中的作用日益增强，由此，中间扩散型制度变迁方式成为制度变迁的主导方式。在中间扩散性制度变迁方式中中央政府和地方政府仍然在制度变迁中起着主导作用。

3.3.3　制度对制造业空间变化影响的参与主体与博弈关系

1. 参与主体

制度对制造业空间变化影响中客观存在着不同的参与主体，也是利益主体。不同的利益主体具有不同的利益追求，各个利益主体在这个过程中行使不同的职能，具有独立的追求和独特的行为。总的来说，制度对制造业空间变化影响的参与主体有如下四个：国际经济组织或国际关系组织、政府（中央政府和地方政府）、企业及个人。各利益主体的利益范围界定如下：（1）国际经济组织或国际关系组织以制定开放性国际交往规则为主要任务，目标是最大程度维护、保障和促进世界各经济团体有序互利的共同发展；（2）政府可划分为中央政府和地方政府。政府处于全局性、调控性的地位，其目标是多元的，包括以资源配置最优化、社会福利最大化为目标，提高人民生活水平及社会稳定，促进经济发展，追求政府预算最大化等。（3）企业作为独立经济主体发挥主导作用是市场经济发展的必然趋势。但目前我国企业的独立经济主体地位不仅受到政府及其行为的严重积压，而且也受到自身功能结构缺陷的制约。实现利润最大化，完成指令性生产计划是企业最主要的功能，也是其根本利益所在。同时企业也具有为职工提供生活生产福利的社会功能和维护地方政治声誉和产业升级的政治功能。（4）个人的利益并非个人利益，而是与个体毅力相对应的全体社会公众的利益或公共利益。包括生活成本降低、生活质量提高、生存环境改善和社会公平等。综上所述，四个利益主体的利益性质各不相同，这也直接导致制度变迁过程中，各利益主体的表现和关注点也具有差异性（见表 3-1）。

表 3-1　　　　　　　各利益主体向市场经济转换的本质要点

利益主体	制度目标	制度要点
国际经济关系	开放经济	贸易自由化；货币可兑换；迁徙自由；变动汇率（加入世界贸易组织、国际货币基金组织及其他制定开放性国际交往规则的机构）
政府	保护法治（受规则约束的、有限的宪政政府）；抑制代理人机会主义；职能下属化	在宪法中界定政府的基本任务；行政法规；预算改革并建立有效的税收体系；支持（软件性和硬件性）基础设施建设和私有化；以稳定货币为目标的独立中央银行；将任务转让给地方政府和地区政府；缩小政府规模；逐步取消补贴；独立司法
政府	再分配	实现机会平等的措施；最低社会保障网；提供获得公共服务的机会（但不必定产生公共服务）
企业	决策自主权；缔约自由；责任	公司化；私有化；商业规范；法庭；会计准则；资本市场；劳力市场；金融司法和审慎的监督
个人	民事自由、经济自由和政治自由；树立个人责任感	民法和经济法；私人财产和私人自主权；民事法庭和服从法治的警察

资料来源：柯武钢，史漫飞著. 韩朝华译. 制度经济学：社会秩序与公共政策. 商务印书馆，2000.

　　四个利益主体中的前两者，即国际经济组织、国际关系组织和政府部门，属于权力中心，是改革的倡导者和核心力量。政府具有强大的风险承担能力、雄厚的财力物力以及强制性的政府权力机构。二者对政策的持续性、方向性和可操作性的执行能力影响着改革的发展。后两者企业与个人是社会活动的中心，是改革的践行者和重要组成。企业与个人承担风险能力弱，影响面小、机会成本低，具有规避风险和追逐最大利益的特点。作为改革的直接利益相关人，这两者最直接受到改革的影响，在进行经济社会活动中也最容易对改革产生诉求。

2. 博弈关系

在制度因素对制造业空间变化产生影响的过程中，国际组织、政府、企业和个人四个利益主体，相互作用且互为依托。国际组织往往通过强制或诱致的方式，通过国家间政治的相互制约，直接或间接地对国家政府产生影响。同时，各国政府也会对国际组织产生一定的诉求或间接诉求。国家政府采用强制性制度变迁方式进行所有制改革，从根本上减少了改革的成本，跨越了计划经济到市场经济的鸿沟。政府的政策路线、方针及财政倾向影响着企业和个人的行为及观念。个人在践行制度约束的过程中，在生产、分配、交换和消费的过程中，必然对制度环境具有最直接的体会，最容易发现改革的弊端和漏洞，由此产生了对制度变革的广泛诉求，这种诉求通过一定渠道自下而上完成制度变迁。企业在这一关系网络中代表一定利益集团的共同利益要求，它甄别个体诉求并使之具有可行性和操作性。与个人相比，企业更具备影响力，其诉求也更容易得到实现和重视。同时，企业也是政府与个人沟通的桥梁，对深化改革，促进制度体制的不断发展起着至关重要的作用（见图3-6）。

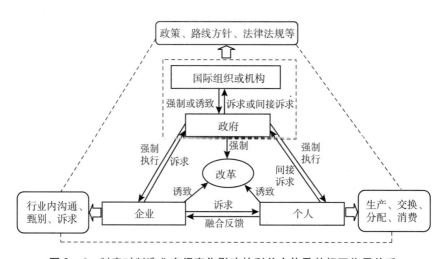

图3-6　制度对制造业空间变化影响的利益主体及其相互作用关系

资料来源：本书作者绘制。

3.3.4 "制度尺度"及制度对我国制造业空间变化的影响因子

制度工具是指为实现区域政策目标，用以解决区域问题的具体方法与措施（张可云，2005）。制度的影响通过各类政策工具（措施）实现。由于任何制度工具都具有特定的影响尺度，所以制度也具有"尺度性"（Armstrong and Taylor，2000；张可云，2005）。一个国家常常可以利用多种制度工具，在多个空间尺度上，奖励与区域发展目标相符合的经济行为，并控制与区域发展目标相悖的经济行为，实现优化发展。

阿姆斯通和泰勒（Armstrong and Taylor）在研究区域公共政策时，将区域政策划分为宏观政策、中观政策和微观政策三种类型（见图3-7）。他们的研究认为，微观政策（micro-policy）通过引导劳动力和资本的配置影响微观尺度的经济发展；宏观政策（macro-policy）通过影响地区的经济收支水平引导经济行为的空间分布，如一国汇率的浮动可以对高度依赖国际贸易的经济个体产生强烈影响，财政或货币政策的调整会对不同地区的产出和就业情况产生差异化的影响，同样，税收体制的区际分异也会强化地区间经济发展水平的差异。中观政策（co-ordination options）介于二者之间。高效的区域政策应当是三者的最优组合模式，既要使组合后的政策组行之有效，又要避免不同尺度政策之间的无效重叠或相互抵触。这也就要求处理好区域内政策和区域间政策二者之间的关系。以英国为例，其国家政策并不仅仅由欧盟和联邦政制定和形式，各地区政府和地方组织（如郡政府、区自治会、地方企业管理机构等）也参与到了管制中。每一层级、每一地区的政策都要保证能够与其他地区、层级相协调，才能够使得整体的政策组高效运行。

根据制度工具空间尺度的不同，结合我国特殊的制度体系情况，作者认为我国制度工具集可划分为宏观制度工具、中观制度工具、微观制度工具和跨尺度制度工具四类（见图3-8）：

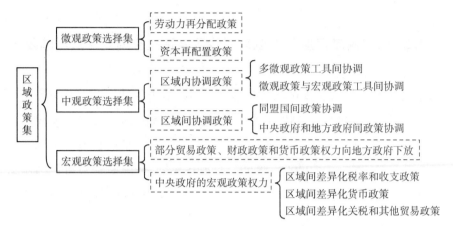

图 3 - 7 阿姆斯通和泰勒定义的区域政策集分类体系

资料来源：Armstrong H. ，Taylor J. Regional Economics and Policy（3rd Edition），Oxford：Blackwell Publishers. 2000：233. 本书作者略有删改。

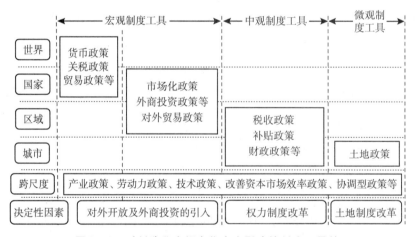

图 3 - 8 对制造业空间变化产生影响的制度工具的
空间尺度、影响范围及关键性因素

资料来源：本书作者绘制。

1. 宏观制度工具

指以全球经济下各国家主体或某特定国家中的各经济区域为目标对象，以改变区域收入与支出状况为目的的政策工具。宏观制度工具的重要特点是以宏观地域尺度（如国家或经济区域）为作用对象，必须由国家主体进行主要调控，不能够向微观空间尺度完全下放，否则将会导致不稳定。这类工具既包括货币政策、贸易政策等，又包括中央政府的宏观调控政策。其中，货币政策指中央政府或中央银行为影响经济活动，如抑制通胀、实现经济增长或增加就业所采取的与货币相关的措施，包括货币供给政策、信贷政策、利率政策、外汇政策等。贸易政策这里主要指对外贸易政策，即一国根据一定时期内政治经济的基本发展态势和国民经济的总体发展目标出发，结合本国资源禀赋、产业结构和经济发展水平等实际情况所制定的对外贸易的原则、方针和策略，狭义范围内主要指关税政策等。中央政府的宏观调控政策广义上指中央政府对不同区域确定的不同的宏观政策变量，包括能够使区域间收支发生变化的稳定政策或倾斜政策，如市场化政策、外商投资政策、对外贸易政策等。综合来看，货币政策、贸易政策等对国家层面经济活动的空间分布具有一定的影响，市场化政策、外商投资政策和对外贸易政策则对国家内部不同的地域单元影响有别。这些政策都能够对制造业空间分布情况产生较强的作用。但回顾改革开放 30年来的制度变迁历程，不难发现这些政策的制度性转变都源于"对外开放"这个大的政策背景。从国家层面来看，30 年来对制造业空间布局影响最为深远的无疑是对外开放政策的实施。

2. 微观制度工具

指影响劳动力与资本在产业间或小尺度地域内分配的政策，其影响尺度主要为城市内部的企业与家庭区位决策。微观制度工具的特点是中央政府、地方政府都具有制定此类政策的权力，但不同地区间可通过差别化的制度选择集营造差异化的发展战略，引导资本和劳动力的流向。微观制度工具的目的往往是引导劳动力和资本向区位决策制定者们一般不愿意选择的地区集中，如将资本吸引至非城市中心地区和萧条地区，引导这些地区通过内生区域开发创造新的工作岗位，促进经济发展。作者认为，在我国城市尺度具有重要影响力的典型微观制度工具为土地制度。土地制度在价格、供给和流转等层面的改革，是触动地方企业在城市内部空间选址变化的根本原因。

3. 中观制度工具

中观制度工具通常是协调型政策工具，这种协调可以是一个区域范围内宏观制度和微观制度之间的协调，即中央与地方之间的协调，也可以是不同区域之间制度的协调。中观制度工具多通过平衡的或倾斜的税收政策、补贴政策、财政政策等影响特定区域内不同经济单元之间的收入与支出水平，其作用尺度主要为国家中某一特定经济区域内的不同经济单元。从中观尺度上看，税收政策、财政政策等因地制宜能够对区域间经济不平衡发展有所贡献。但这些政策的实施都是建立在"权力制度改革"的背景下，中央政府对地方政府的放权使得各地方具有了制度行为能力，财政分权建立起了地方发展自身经济，扩大税基的积极性。政府对企业放权又进一步推动了多种所有制经济结构的建立，企业自主能力不断提升。正是由于这些基本权力制度规则的变迁，才导致并加剧了我国地方经济发展的差异性。

4. 跨尺度制度工具

指能够影响国家、区域乃至城市的制度，如产业政策、劳动力政策、技术政策等。各尺度地域都具有制定跨尺度制度的能力，但同类制度在不同尺度上的政策内容、政策力度和实施能力都具有差异性。这些跨尺度制度因素综合作用域各种空间尺度的地域范围。

综上所述，我国制度环境与制造业空间分布之间存在相互作用和相互反馈的关系，而社会系统中其他因素的加入进一步增加了它们之间相互作用和相互反馈的复杂性。影响我国制造业空间分布水平的主导因素，在宏观尺度（国家）主要为对外开放政策，中观尺度（区域）的主要作用因子为权力制度改革，微观尺度（城市）中，土地制度改革起到重要影响。这些制度的作用尺度、影响范围和影响机理各不相同，相同或不同层次的影响因子之间通过直接或间接的作用和反馈，最终影响了制造业空间分布水平。

　　本书将着重研究宏观（国家）、中观（区域）、微观（城市）三个尺度的制度变迁及其对我国制造业空间变化的影响机理（见图 3 - 9）。本书第 4 章中作者将从区域尺度和重点行业两个视角综合评述改革开放四十年来我国制造业空间变化的特征，并在此基础上测算制度变迁对我国制造业空间变化影响的贡献程度，综合分析贡献程度的时空变化轨迹。第 5 ~ 7 章分别从对外开放、权力制度改革和土地制度改革三个决定性因素入手，从特定的分析视角，结合相关的分析因子，利用索洛余值、对外开放指数、投入产出法等多种分析方法，深入剖析不同区域尺度下制度因素对制造业空间变化的影响机制。其中，第 5 章从资本开放（外商直接投资）和贸易开放（进出口、贸易壁垒）两个方面解析对外开放政策对国家宏观尺度制造业空间变化的影响机理；第 6 章从中央政府向地方政府放权、政府向企业放权两个方面分析权力制度改革对区域尺度制造业空间变化的影响机理；第 7 章从土地价格、土地供给和土地流转三方面制度变迁入手，综合分析土地制度改革对城市尺度制造业空间变化的影响机理。

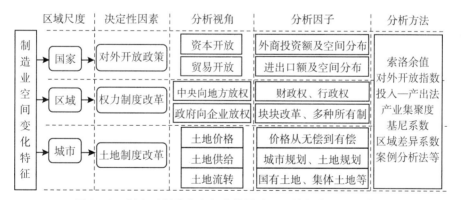

图 3 - 9　制度对制造业空间变化影响机理的综合分析示意图

资料来源：本书作者绘制。

第 4 章

制度对制造业空间
变化影响程度测度

4.1 改革开放以来我国制造业空间总体变化特征

　　制造业是中国现代化的脊梁，也是中国经济发展的重要引擎。在政府政策和市场力量的共同推动下，我国已经从工业基础薄弱、经济封闭的国家转变成一个工业产出和主要产品位居世界前列、商品出口在世界市场具有举足轻重地位的工业大国，"中国制造"的地位已经被世界认可（中国社会科学院工业经济研究所，2008）。1978～2015 年，我国制造业经济增长迅速，实力显著增强，工业增加值由 1 607.00 亿元增长至 235 183.5 亿元。按照可比价格计算，年均增长率约为 12.20%。1980～2010 年，我国工业增长速度保持在 10 个百分点以上，是世界上增长最快的国家。2010年后，随着我国经济进入新常态，工业及制造业增长速度趋缓，但仍保持在 6.5 个百分点以上（见表 4 - 1）。工业和信息化部副部长苏波在出席2012 中国节能与低碳发展论坛时指出，当前我国工业产值占国内生产总值的 40% 左右，制造业占全球比重提升到 19.8%，规模位居世界第一，220 余种工业产品产量都位居世界前列，我国已经成为名副其实的全球制造业大国和世界工厂。

表 4 - 1		世界主要国家工业和制造业年均增长率							单位：%	
国家	1980～1990		1991～2000		2001～2005		2006～2010		2011～2015	
	工业	制造业	工业	制造业	工业	制造业	工业	制造业	工业	制造业
中国	11.1	10.8	13.7	12.7	10.9	11.1	11.9	16.3	7.5	6.7
加拿大	2.9	3.8	3.2	4.5	1.6	0.2	-1.9	-5.0	1.7	1.1
法国	1.4	1.3	1	—	1.4	1.2	-1.5	-1.2	-0.1	0.7
德国	1.4	—	-0.1	0.2	0.6	1	0.4	-0.6	1.4	1.3
意大利	1.8	2.1	0.8	1.4	-0.2	-1.2	-2.9	-2.8	-1.8	-0.4
日本	3.9	4.7	-0.3	—	0	0.8	-1.1	0.2	1.8	2.3
英国	3.1	—	1.5	—	-0.1	-0.9	-1.9	-1.9	0.4	0.1
美国	3	—	3.7	—	—	1.3	-1.4	-0.6	2.2	1.2
韩国	13.1	12.9	6	7.3	6.3	7	5.0	6.2	2.7	2.8
印度	6.9	7.4	6.3	7	7.5	6.9	7.7	8.7	5.8	7.3
巴西	2	1.6	—	1.6	2.3	1.8	3.8	2.3	-1.6	-3.7
低收入国家	4.6	6.1	4.9	5.9	6.9	6.9	5.0	3.8	8.5	3.4
中等收入国家	2.6	4	4.5	6.9	6.1	7.2	6.1	—	4.5	
高收入国家	3	—	1.8	—	0.9	1.1	-0.6	-0.1	1.6	1.6
东亚和太平洋地区	8.6	9.5	11	10.8	9.4	9.8	5.6	—	5.2	
世界平均	3	—	2.4	—	2	2.3	1.9	0.7	2.8	1.8

资料来源：World Bank，World Development Indicators.

　　在制造业整体经济实力显著增长的同时，我国制造业产业结构不断升级，主导产业经历了交替转换。20 世纪 80 年代至 90 年代初，进入前五位的行业主要是与衣食相关的初级行业。90 年代中期，由于能源、原材料等产品出现短缺，化工、黑色金属能等资源能源类行业得到了快速发展。2000 年后，主导产业已经转变为电子通信设备制造业及交通运输设备制造等产业，产业结构不断升级。2015 年，我国制造业中占比最高的前五位行业分别是：通信设备、计算机及其他电子设备制造业（8.28%）、化学原料及化学制品制造业（7.54%）、汽车制造业（6.36%）、电气机械及器材制造业（6.30%）、农副食品加工业（5.96%）（见图4－1）。

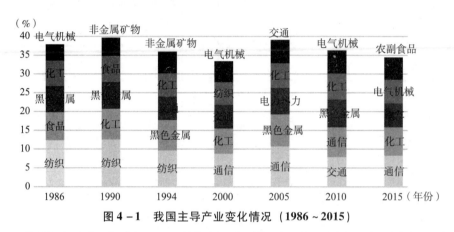

图4－1 我国主导产业变化情况（1986～2015）

资料来源：根据历年《中国工业经济统计年鉴》计算而得。行业分类标准均按当年标准进行统计，即2005和2010年采用《国民经济行业分类》（GB/T 4754－2002）。2015年采用2011年修订分类标准。

值得关注的是，在政府政策和市场力量的双重推动下，我国制造业地图也发生了深刻的变化。从空间尺度的层面来看，我国制造业空间分布总体呈现了"大分散、小集中"的变化特征，并在宏观尺度（区域）和微观尺度（城市）具有不同的表现。从行业的层面来看，通信设备、计算机及其他电子设备制造业，黑色金属冶炼及压延加工业，化学原料及化学制品制造业，交通运输设备制造业，电气机械及器材制造业等成为增长幅度最快的行业。改革开放以来，这些行业在国内的空间分布也呈现了一定的变化特征。

4.1.1 宏观尺度：沿海地区是制造业增长的主要推动力，跨区域要素流动与重组不断加快，地区间发展差距逐步扩大

改革开放四十年的发展中，各地区制造业都实现了快速增长。在各地

区工业增速普遍提升、市场竞争秩序逐步规范的背景下，我国制造业空间分布呈现了向东部沿海集中、向长三角、珠三角、京津冀等大都市圈集中和向少数省份集中的特点（见图4-2）。改革开放后，尤其是1992年邓小平同志南方谈话后，沿海地区利用两种资源、两个市场，凭借资源禀赋条件和区位优势，在对外开放和鼓励非国有经济发展的制度环境下，率先吸引了大量外资与国内丰富的劳动力和资本，成为国家经济增长的主要推动力。而东北地区在全国工业所占的比重明显下降。数据显示，1978年沿海工业占全国工业总产值的比重仅有49.4%，至1993年比例上升至59.5%，到2008年已达63.9%，至2013年稍有下降为55.7%，而东北地区占全国工业总产值的比重却从1978年的16.5%下降到了2013年的8.83%。

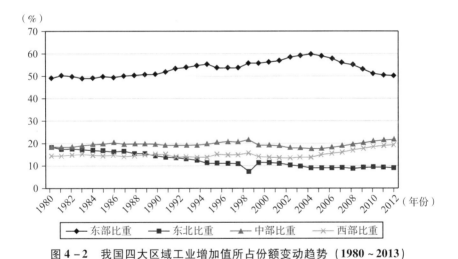

图4-2 我国四大区域工业增加值所占份额变动趋势（1980~2013）

资料来源：《新中国五十年统计资料汇编》（中国统计出版社）和历年《中国统计年鉴》计算。

在地区间发展差异的不断扩大的同时，随着农村改革、金融改革等制度环境变化，劳动力和资本跨地区流动与重组加速。主要表现有：一方面，部分优势制造业企业为获取即时充分的信息、高端的技术与资源，将总部和研发部门向直辖市、沿海发达地区的省会城市和特大城市迁移；另一方面，随着中部崛起、西部大开发、东北老工业基地振兴等区域战略的实施，部分企业面临生产成本上涨压力的时候，有意识地选择将生产部门向中西部内陆地区转移。

4.1.2 中观尺度：地区工业分工与专业化开始形成，部分区域形成了具有地方特色的区域工业发展集群

随着各地区工业化进程加快和对外开放程度的不断提高，我国已经融入国际产业分工体系，并成为国际产业转移最重要的国家之一。伴随着国内市场竞争的不断深入，生产要素呈现了向具有比较优势地区集中的特点，推动了地区工业分工与专业化的形成。各地区根据本地资源禀赋条件和产业基础制定了产业发展方向和政策，并积极进行制度改革摸索和创新。由于不同地区资源禀赋、区位、市场、工业基础等经济发展条件具有差异性，各地方政府创新能力、行政能力不均衡，致使各地区制度创新程度、改革实施力度和工业发展能力存在差异，导致区域尺度不同城市制造业空间分布的不均衡性，部分区域产业集中度不断提高。2013 年，河北的生铁、粗钢和钢材产量占全国的 23.92%、22.92% 和 21.22%；广东省彩电产量占全国的 50.40%；空调产量占全国的 37.28%；上海、江苏两省的计算机产量占全国的 45.88%；北京和广东的手机产量占全国的 61.72%；浙江、江苏的化纤产量占全国的 76.64%；浙江、江苏、安徽的洗衣机产量占全国的 68.33%；山西的煤炭产量占全国的 26.16%。

同时，我国沿海地区出现了特色产业集群的发展模式，如以私营企业为代表的"温州模式"，以乡镇企业为代表的"苏南模式"和以外资企业为代表的"广东模式"。这些产业集群和特色镇、专业镇的不断涌现也增强了地区县域、市域的经济能力和产业竞争力，成为地区专业化进程的显著特点之一。截至 2017 年，广东省级技术创新专业镇已超过 450 个，其中工农业产值超过千亿元的专业镇达到 11 个，超百亿元的 146 个，专业

镇地区生产总值达近 3 万亿元，占全省 GDP 的三分之一以上，在经济中扮演着越来越重要的角色。表 4－2 是广东省典型工业类专业镇的分布情况。这些沿海省区是我国专业镇分布较为广泛、成长极为快速的地区，其产品在全国甚至全球市场均占有很大份额（王缉慈等，2010）。

表4－2　广东省工业类专业镇创新指数排名百强分布情况（2015 年）

广州市 （4 个）	同和街道（生物医药）、新塘镇（牛仔纺织服装）、狮岭镇（皮革皮具）、沙湾镇（珠宝）
东莞市 （28 个）	横沥镇（模具制造）、麻涌镇（粮油食品）、塘厦镇（电源电子）、东城区（电子信息）、清溪镇（光电通讯、现代物流）、石龙镇（电子信息）、中堂镇（造纸及纸制品）、石碣镇（电子信息）、长安镇（电子五金）、常平镇（电子信息设备制造、物流）、企石镇（光电产业）、石排镇（通信部件）、虎门镇（服装设计与制造、信息传输线缆）、寮步镇（光电数码）、莞城街道（文化创意）、大朗镇（毛纺织、现代信息服务）、黄江镇（电子信息）、谢岗镇（高端装备制造）、东坑镇（通信电子）、厚街镇（家具）、万江街道（数控装备制造）、高埗镇（休闲体育用品）、道滘镇（食品）、望牛墩镇（印刷包装）、桥头镇（环保包装）、凤冈镇（电子信息、电气制造）、大岭山镇（家具制造）、茶山镇（食品产业）
佛山市 （25 个）	北滘镇（家用电器）、容桂街道（高端信息家电）、大良街道（机械及电气装备）、狮山镇（汽配、玩具、家电、照明灯饰、口腔器材）、乐平镇（太阳能光伏）、丹灶镇（小五金）、伦教镇（木工机械、珠宝首饰）、杏坛镇（高性能环保材料）、西樵镇（纺织业）、桂城街道（鞋业、机械业）、龙江镇（家具制造）、白坭镇（建材）、里水镇（袜业纺织）、杨和镇（金属材料）、南庄镇（陶瓷）、陈村镇（机械装备、花卉）、勒流镇（小五金小家电、照明电器）、张槎街道（针织）、荷城街道（塑胶材料）、大沥镇（有色金属、内衣）、西南街道（电子电器）、祖庙街道（服装）、明城镇（新能源新材料）、更合镇（不锈钢、养殖业）、均安镇（牛仔纺织服装）
中山市 （15 个）	火炬高技术产业开发区（健康医药）、南山镇（家用电器及配件）、小榄镇（五金制品）、南区（电梯）、古镇镇（灯饰灯具）、阜沙镇（精细化工）、港口镇（游戏游艺）、东凤镇（小家电）、东升镇（办公家具）、三角镇（纺织服装印染）、沙溪镇（服装）、横栏镇（新型照明灯饰）、黄圃镇（农产品深加工）、大涌镇（红木家具）、板芙镇（美式家具）
惠州市 （5 个）	惠环街道（电子）、陈江镇（电子通信）、水口街道（电子产业）、罗阳镇（电子信息）、新圩镇（电子视听）

江门市 （5个）	蓬江区（摩托车及电子配件）、江海区（电子材料）、水口镇（水暖卫浴、化纤纺织）、台城街道（汽车配件）、外海街道（半导体照明）
汕头市 （5个）	石炮台街道（轻工机械）、凤翔街道（玩具工艺）、澄华街道（毛织服装）、两英镇（针织服装）、谷饶镇（针织服装）
珠海市 （3个）	井岸镇（电子信息）、三灶镇（生物医药）、南屏镇（打印耗材）
潮州市 （3个）	枫溪区（陶瓷制品制造）、庵埠镇（食品、印刷）、彩塘镇（不锈钢锅、盆）
阳江市 （2个）	东城镇（五金刀具）、平冈镇（镍合金、农副产品）
其他地区 （1个）	肇庆市东城街道（玉器）；湛江市麻章镇（饲料）；云浮市罗城街道（纺织服装）；揭阳市河婆街道（电子琴）；梅州市西阳镇（电子）

资料来源：广东省专业镇发展促进会. www. potic. org. cn/client/ranking/ranking_index. jsp.

4.1.3 微观尺度：城市内部工业分布呈现郊区化、园区化特征，工业园区成为区域制造业发展的主要载体

近年来，城市内部制造业空间分布"园区化"和"郊区化"进程不断加快，开发区成为我国工业经济发展的龙头力量和重要的空间载体。从1984年国务院开始设立开发区起，经过30多年的发展，我国各类开发区在资金、土地、人才和经验相对匮乏的初始条件下，凭借优越的区位、优惠的政策和实干的精神，已经成为全国产出最高、拉动力最强、示范效应最明显的区域之一，对区域发展和工业崛起发挥了重要积极的作用。国家设立开发区时的基本要求是"三为主，一致力"，即以工业为主，以出口为主，以利用外资为主，致力于高新技术产业的发展。也正是这一要求，使得我国各类开发区在经济发展中具有显著的优势（中国社会科学院工业经济研究所，2009）：第一，开发区是在有限的空间内实行特殊的优惠经济政策，对外资具有特殊的吸引力；第二，开发区用地多以"五通一平"

"七通一平""九通一平"为主，已完成了对水、电、气、热、通信、交通等基础设施的投入，为企业入驻提供了良好优惠的物质基础；第三，开发区实行不同于地区行政管理体制的管委会模式，办事效率相对较高，对外开放程度较高。部分先进开发区在区内设立"一站式服务"，让企业能够不出园区即可办理工商、财税等各项事务，手续简单；第四，开发区的经济功能重点突出，专业化方向较为明确，如经济技术开发区着重发展现代工业、高新技术开发区的主要功能为吸引具有高新技术的企业、出口加工区为出口导向的企业提供了便利的条件等，专业化的经营方向为企业提供了专业化的服务能力，与非开发区相比具有显著优势。

在这种条件下，伴随着部分大中型城市纷纷出台相关政策，实现城市中心城区"退二进三"，鼓励工业企业退城进郊、进区入园，对规模较小、布局散乱的工业点和工业园区进行合并、调整，使得大中型城市内的工业发展"园区化"比重不断提高。开发区逐渐发展成为城市产业集聚的载体、对外开放的窗口、体制创新的试验田和经济发展的增长极。截至2016 年年底，国家级经开区共计 219 家，其中东部地区 107 家，中部地区 63 家，西部地区 49 家。2016 年，国家级经开区共实现地区生产总值83 139 亿元，第二产业增加值 57 505 亿元，财政收入 15 371 亿元，税收收入 14 018 亿元，进出口总额 47 605 亿元，分别占全国总量的 11.2%、19.4%、9.6%、12.1% 和 19.6%，实际使用境外投资和外商企业再投资金额 2 036 亿美元[①]。

自 2009 年以来，工业和信息化部为推进新型工业化进程，在全国范围内批准设立了八个批次，共计 300 余家国家新型工业产业示范基地，涉及装备制造、原材料工业、消费品工业、电子信息产业、软件和信息服务业、军民结合等主要行业和领域。"十二五"期间，示范基地工业增加值年均增速高于全国工业平均增速 5.7 个百分点。2014 年，示范基地实现

---

① 数据来源：中华人民共和国商务部，中国国家级经济技术开发区和边境合作区：2016 年国家级经济技术开发区主要经济指标情况。www. ezone. mofcom. gov. cn/.

工业增加值约 6.9 万亿元，占全国工业增加值比重近三成；实现利润总额约 2.1 万亿元，占规模以上工业利润近 1/3；出口额达 6 700 多亿美元，占全国外贸出口额比重超过 1/4；研发投入总额超过 7 000 亿元，占全社会研发经费支出额比重近一半①。这些示范基地发挥了对各区域的引领带动作用，成为各地区工业化发展的重要载体和中坚力量，促进地区工业经济健康有序发展。

由于多数国家级园区、示范基地都分布于城市的远近郊区，致使我国绝大多数城市制造业郊区化进程较为明显。已有学者通过实证研究证明北京（周一星，1996）、上海（戴淑庚，1994；Ning and Yan，1995）、广州（周春山，1996；陈文娟、蔡人群，1996）、沈阳（周一星、孟延春，1997）、大连（曹广忠、柴彦威，1998）、南京（吕卫国，2010）、杭州（冯建，2002）等大中型城市在 20 世纪 90 年代已经进入了典型的工业郊区化过程。（见表 4-3）

表 4-3　　　　　　我国国家级经济技术开发区主要
指标占全国的比重（1995～2016）

	工业总产值/工业增加值（亿元）			出口总额（亿美元）			实际利用外商投资（亿美元）		
	开发区	全国	比例（%）	开发区	全国	比例（%）	开发区	全国	比例（%）
1995	1 303	54 947	2.37	58	1 488	3.89	39	481	8.16
1996	1 888	62 740	3.01	64	1 510	4.25	38	548	6.99
1997	2 348	57 809	4.06	79	1 828	4.30	47	644	7.22
1998	2 963	67 737	4.37	110	1 837	5.97	47	586	8.08
1999	3 611	72 707	4.97	122	1 949	6.26	42	527	7.92
2000	4 710	85 674	5.50	163	2 492	6.56	47	594	7.85

---

① 数据来源：http://sfjd. miit. gov. cn/InfoAction! showDetail. action? info. infoId = 1334&sectionId = GDDT 国家新型工业化产业示范基地专题报道；工业和信息化部召开国家新型工业化产业示范基地工作交流会，中华人民共和国工业和信息化部规划司。

	工业总产值/工业增加值（亿元）			出口总额（亿美元）			实际利用外商投资（亿美元）		
	开发区	全国	比例（%）	开发区	全国	比例（%）	开发区	全国	比例（%）
2001	6 110	95 449	6.40	201	2 661	7.57	62	497	12.50
2002	7 867	110 777	7.10	275	3 256	8.46	77	550	14.06
2003	10 663	142 271	7.49	387	4 382	8.82	86	561	15.38
2004	14 836	201 722	7.35	619	5 933	10.4	108	641	16.87
2005	23 377	251 619	9.29	1 138	7 620	14.9	130	638	20.41
2006	30 219	316 589	9.55	14 923	9 689	15.4	147	735	20.01
2007	38 426	405 177	9.48	1 781	12 178	14.6	173	748	23.16
2008	45 935	507 285	9.06	2 051	14 307	14.3	195	924	21.11
2009	51 271	548 311	9.35	1 874	12 016	15.6	204	900	22.66
2010	77 542	707 772	10.96	2 536	15 415	16.45	306	1 057	28.94
2011	123 529	855 137	14.45	3 311	18 986	17.44	429	1 160	36.98
2012	38 312	199 860	19.17	3 867	20 489	18.87	507	1 117	45.39
2013	47 987	222 338	21.58	3 706	22 090	16.78	600	1 176	51.02
2014	55 694	233 857	23.82	4 546	23 423	19.41	628	1 196	52.51
2015	55 577	236 506	23.50	4 360	22 735	19.18	589	1 263	46.63
2016	57 505	247 860	23.20	4 058	20 976	19.35	497	1 260	39.44

注：根据数据可获得性，1995～2011 年为工业总产值，2012～2016 年开发区采用第二产业增加值，全国采用工业增加值；1995～2011 年为实际利用外商投资，2013～2015 年开发区采用实际使用外资和外商投资企业再投资金额，全国采用实际利用外商投资数据。

资料来源：根据中国开发区网站（www.cadz.org.cn）及中国国家级经济技术开发区和边境经济合作区网站（ezone.mofcom.gov.cn）相关统计数据计算而得。

4.2　行业层面制造业空间变化特征

1992 年邓小平同志南方谈话，以及党的十五大召开和社会主义市场经济体制确立后，我国制造业开始步入一个新的阶段。依据数据的可获得性，选取 1993 年、1997 年、2001 年、2005 年、2009 和 2013 年六个年份为时间序列，将各年份各行业总产值换算为 1990 年可比价后，计算 1993~2013 年二位数制造业行业对制造业总产值增长的贡献率情况，得如图 4-3 所示结果。

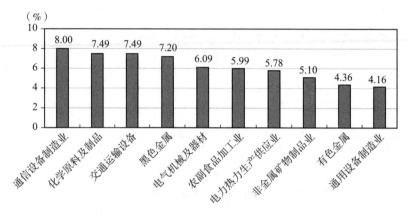

图 4-3 我国制造业两位数行业增长贡献率（1993~2013）

资料来源：根据历年《中国工业经济统计年鉴》和《中国工业统计年鉴 2014》数据计算而得。

按照 1990 年不变价计算，1993~2013 年我国制造业总产值增长 10.98 倍，增加 337 107.81 亿元。其中，增长贡献率排名前十位的制造业行业分别是：通信设备、计算机及其他电子设备制造业（8.00%）、化学原料及化学制品制造业（7.49%），交通运输设备制造业（7.49%），黑色金属冶炼及压延加工业（7.20%），电气机械及器材制造业（6.09%），农副食品加工业（5.99%），电力、热力的生产和供应业（5.78%），非金属矿物制造业（5.10%），有色金属冶炼及压延加工业（4.36%）和通用设备制造业（4.16%）。由于上述十个行业均为两位数行业，为将我国制造业空间变化地图描绘的更加精确，选取排名靠前具有代表性的重点行业门类进行详细分析。所选取的行业分别为：电子信息产业、钢铁产业、化工（乙烯）产业和汽车制造业。

4.2.1　电子信息产业空间变化

信息技术是当今世界经济社会发展的重要驱动力之一。电子信息产业作为我国国民经济战略性、基础性和先导性的支柱产业，对于促进社会就业、拉动经济增长、调整产业结构、转变发展方式和维护国家安全具有十分重要和积极的作用。经过多年发展，我国已经成长为世界电子信息产品第一制造大国。在全球电子信息产业的生产组织中，中国扮演着十分重要的角色。

据《中国电子信息产业回顾与展望》数据，2017 年我国规模以上电子信息制造业增加值增长 13.8%，高于全国工业平均水平 7.2 个百分点，其中电子制造业与软件业收入近 20 万亿元，是我国经济快速发展的有力支撑。一方面，行业传统规模优势产品持续保持领先，高端化、智能化发展成果显著。手机、计算机和彩电产量分别达到 19.2 亿部、3.1 亿台和 1.7 亿台，稳居全球第一。智能手机、智能电视市场渗透率超过 80%，在虚拟现实、无人驾驶、无人机、人工智能等多个新兴领域，涌现出一大批创新型企业，技术和应用在全球处于领先地位。另一方面，从发展历程上看，我国电子信息产业已经历过 80 年代以消费类电子产品生产（主要是彩电）为主导的起步阶段和 90 年代以通信和计算机制造为引领的加速发展阶段，而进入到 21 世纪的竞争力优化提升阶段。技术创新驱动下，我国产业价值链国际分工地位持续提升。国产众核处理器超级计算机蝉联全球超算榜首，国内首条柔性屏生产线在成都实现量产，结束了国外企业在柔性手机屏领域的垄断局面，华为发布麒麟 970 智能芯片，飞腾、龙芯等国产 CPU 性能持续提升，与国际领先水平差距持续缩小。我国正从"跟随代工"角色向"创造引领"的角色转变。

在生产能力和水平快速提高的同时，产业空间分布也发生了明显的变化。改革开放前，我国电子信息产业空间布局具有两个基本特点：第一，电子工业布局迅速展开，空间分布较为分散，企业数量多规模小，各地差异并不明显；第二，沿海地区生产能力、技术水平及元器件配套能力优于内地。同时，由于"三线建设"建成了一批军工电子企业，使得部分中部省区电子信息产业基础较好。改革开放以来，我国电子工业的整体发展和布局进入了一个转折时期，电子信息产业发展重点指向了改革开放最为深入、产业基础相对较好的沿海地区，初步形成了以沿海及中心城市为发展重点的布局。"七五"期间，我国在北京、上海、江苏、广东和四川、山西、贵州、甘肃地区，优先建立和发展了各具特色的电子工业基地。

1992年后，在国家政策的扶持下，我国沿海地区形成了几个规模比较大的电子信息产业集群。从产值分布来看，行业分布的集聚程度不断提高。至2015年，广东、江苏、上海三个省份占全国总产值的比重已从1993年的52.4%提高到69.2%。2015年广东省电子信息产业占全国总产值的比重高达32.08%。从增长贡献率来看，1993～2015年间，对我国电子信息产业增长贡献率最高的前五位省区分别是：广东（32.14%）、江苏（20.39%）、上海（6.19%）、山东（5.72%）和四川（4.79%），五个省份总计贡献率达69.24%。1993～2005年，广东电子信息产业对全国增长的贡献率均保持在34%以上。但近年来，广东、江苏等沿海省份贡献率逐年下降，四川、重庆等西部地区成为电子信息产业增长集聚地。（见图4-4）。

近年来，我国电子信息产业发展的区域集群特征日趋明显。2004年我国信息产业部设立了9个国家级电子信息产业基地，分别是北京、天津、青岛、上海、苏州、杭州、深圳、福厦沿海地区和广东珠三角地区。这9个电子信息产业基地产业规模较大，布局相对集中，综合实力较强，辐射作用明显，产业链基本完整。2004年当年9个基地的产品（不含软件）销售收入、工业增加值、利税总额分别占全行业的79.6%、77%和75.8%，标志着我国电子信息产业集群优势的显现。2005年信息产业部进一步认定了31个城市和地区作为首批国家电子信息产业园，这些产业园区均是产业规模、技术水平、骨干企业数量在电子信息产业某一特定领域处于国内领先水平的产业集聚区域，是我国通信、视听、计算机、显示器、元器件和家用电子等产品的龙头基地，具有突出的产业特色。如 2005 年，首批设立的通信领域的 4 个产业园（北京经济技术开发区、天津经济技术开发区、山东青岛高新技术产业开发区、浙江杭州高新技术产业开发区）手机产量占内地手机总产量的 40%。2009 年至今，工业和信息化部先后分八批挂牌了 300 余家国家新型工业化产业示范基地，截至 2017 年年底，全国主导产业为电子信息的示范基地共 48 家（见表 4 – 4）。

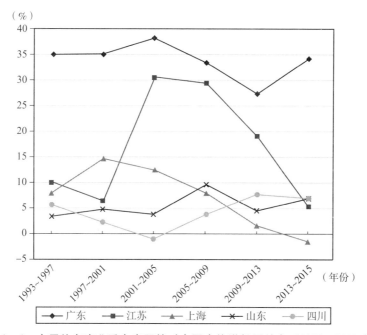

图 4 – 4　电子信息产业重点省区的对全国产值增长贡献率（1993 ~ 2015 年）

资料来源：作者根据历年《中国工业经济统计年鉴》和《中国工业统计年鉴》计算而得。

表 4 - 4　　　　　　　　　电子信息产业类国家新型工业化
产业示范基地（第一至八批）

区域	园区名称	省（市）	主导产业	重点企业
长三角地区（13家）	江苏无锡高新技术产业开发区	江苏	传感网	美新半导体、爱锡量仪、敦南科技、紫光科技、海辉、大展、浪潮、中软国际等
	江苏苏州工业园区	江苏	集成电路、平板显示、电子元器件	美新半导体、爱锡量仪、敦南科技、中兴光电、泛达通信
	江苏昆山经济技术开发区	江苏	光显示产业、光能源产业、光照明产业	奈普光电、琉明光学、东芝哈利盛、日月光半导体、南亚、沪士、富士康
	南京江宁经济开发区	江苏	通信设备制造、平板显示、智能电网	统宝光电、南瑞继保、国电南自、西门子
	江苏吴江经济技术开发区	江苏	光电子	NEC、加德士、英格索兰、日立、康宁等
	苏州高新技术产业开发区	江苏	计算机及网络设备、平板显示、新型电子元器件、通信设备、太阳能光伏	瑞中、乐轩、冠捷、佳世达、名硕、国巨、统硕、光联、纽威机械、万都、雅凡迪
	江苏武进高新技术产业开发区	江苏	新型电子元器件	瑞声科技、光宝科技、安费诺、金信诺
	杭州高新区（滨江）	浙江	物联网	海康威视、浙大网新、东方通信、三维通信、大华股份、大立科技
	浙江嘉兴	浙江	物联网、大数据、集成电路、软件信息服务业等	闻泰集团、德景电子、昱辉阳光、晶科能源
	浙江嘉善	浙江	光通信及智能终端	昱辉阳光能源、富士康、英鑫达、华瑞赛晶、东菱电子
	漕河泾新兴技术开发区	上海	计算机、集成电路、光电子及通信、电子元件	英业达、英顺达、贝岭股份、康宁光纤、飞利浦、西门子、瑞侃电子等
	上海金桥开发区	上海	现代家电产业、半导体精密装备与智能化零部件	西门子、上海通用汽车、东芝、夏普等
	上海浦东康桥工业区	上海	通信类终端、集成电路	昌硕、威宏、宏达

续表

区域	园区名称	省（市）	主导产业	重点企业
珠三角地区（5家）	广东佛山市	广东	光电显示	奇美、广东海信、国星光电、佛山朝野科技、广东日田、菱展光电
	广东惠州仲恺高新技术产业开发区	广东	移动终端产业	TCL、德赛、华阳三大集团以及索尼、LG、三星、侨兴、龙旗、鼎智、乐投、长城、光弘
	广东东莞松山湖高新技术产业开发区	广东	通信终端设备	华为机器、宇龙通信、生益科技、新能源、华贝电子、联胜科技、天弘科技、易事特等
	深圳市高新技术产业园区	广东	光机电一体化、新材料	长城计算机、长城国际公司、长科公司、海量存储公司、华为、中兴、泰丰电子
	深圳坪山区	广东	电子信息	日立环球、赛格三星、中芯国际等
环渤海地区（9家）	天津经济技术开发区	天津	手机、片式元件、集成电路、显示器	摩托罗拉、三星、松下、罗姆等
	天津西青经济技术开发区	天津	集成电路、通信设备、汽车电子、医疗电子等	中芯国际、飞思卡尔、三星通信技术、捷普绿点、松下电子、罗姆电子、三星显示器、现代LCD等
	邢台经济开发区	河北	太阳能光伏	晶龙、工大、河北三环、纳科诺尔
	河北廊坊经济技术开发区	河北	通信、平板显示、太阳能电池产业、半导体照明、电子材料	华为、富士康、京东方、新奥光伏、松宫、清芯光电、鑫谷光电国瑞电子、博美玻璃、滨松光子
	北京经济技术开发区数字电视产业园	北京	集成电路、计算机、网络、通信等	京东方光电科技、康宁、富泰京、威讯联合半导体、中芯国际、富士康、揖斐电电子以及康宁、LG化学、世元达

续表

区域	园区名称	省（市）	主导产业	重点企业
环渤海地区（9家）	大连经济技术开发区	辽宁	电子元器件、工业电子、办公设备与家电、通信与电子设备	英特尔等
	沈阳高新技术产业开发区	辽宁	半导体装备	奥维通信、时尚实业、天和电子
	山东青岛市	山东	家电、电子通信等	海尔、朗讯、海信等
	烟台经济技术开发区	山东	通信设备等	富士康、浪潮乐金等
其他沿海（7家）	厦门火炬高新技术产业开发区	福建	电子信息、光电、电力电器	友达光电、冠捷科技、宸鸿科技、万德宏光电等
	福清融侨经济技术开发区	福建	显示器	台湾中华映管、LG、飞利浦、冠捷科技、华冠光电等
	福建泉州丰泽区	福建	专用通信设备	先创电子、联拓科技、科立讯科技、南威
	福建经济技术开发区	福建	物联网	中华映管、新大陆、上润、格通、国光、福光
	福建云霄县云陵工业开发区	福建	光电子	东林、信实、宝润、宝晟、永兴、奕全、大晶、荣达、云星、卓亚、七星等
	福建莆田高新技术产业开发区	福建	消费电子、通信终端、光电显示、新型元器件	德信电子、新威电子、华佳彩、福联集成电路、飞阳光电、安特半导体、新世纪
	广西桂林	广西	通信设备产业、软件和信息服务业、行业应用电子产业、光电光伏产业	NEC无线电、长海发展、星辰电力等

续表

区域	园区名称	省（市）	主导产业	重点企业
中部地区 （7家）	武汉东湖新技术开发区	湖北	光电子、光通信、集成电路	烽火科技、华工科技、凡谷电子、长飞等
	浏阳经济技术开发区	湖南	平板显示、智能移动终端、汽车电子等	蓝思科技、基伍通讯等
	新余高新技术产业开发区	江西	新能源光伏	赛维 LDK 等
	江西吉安	江西	通信设备制造、计算机及其外部设备、数字视听	红板电子、博硕科技、合力泰科技、木林森电子、盛泰通讯
	江西鹰潭	江西	物联网	泰尔物联网、浪潮、三川智慧等
	江西上饶	江西	光伏	晶科能源、合兴实业等
	合肥新站区	安徽	新型平板显示	鑫虹光电、法液空、住友化学、鑫昊
西部地区 （7家）	绵阳高新技术产业开发区	四川	数字视听	长虹集团、九洲集团
	成都高新技术产业开发区	四川	集成电路、光电显示、通信	英特尔、京东方、长虹、摩托罗拉、诺基亚、西门子等
	四川遂宁	四川	光电子	视派特光电、珩必鑫电子材料等
	重庆南岸区	重庆	物联网	清华同方合志、千方科技、国人电讯、上海展讯
	遵义新蒲工业园区	贵州	移动智能终端	弘鑫通讯、沃度通信、京立通讯、几米电子、赛伯乐、启迪科技、深圳华珑等
	西安高新技术产业开发区	陕西	集成电路、通信设备制造、电子元器件等	中兴、应用材料、GE 等
	乌鲁木齐高新技术产业开发区	新疆	太阳能光伏	新能源股份有限公司等

资料来源：名录来自国家新型工业化产业示范基地专题报道，中华人民共和国工业和电子信息化部网站（http://www.miit.gov.cn/n11293472/n11293877/n13114591/index.html），各开发区主要产业及重点企业根据各开发区官方网站整理。

综上所述，我国四大电子信息产业基地已基本形成。这四个电子信息产业基地企业相对集中，产业链较为完整，具有相当的生产规模和配套能力，是我国电子信息产业发展的核心区域：

（1）以深圳、广州、厦门为龙头的珠江三角洲和福厦沿海地区。对外开放后，广东通过"三来一补"，从国外引进了大批生产线、设备和仪器，大大推动了电子信息行业的发展。目前，该区域已经形成了计算机、通信设备、家用电器、视听产品和基础元件等产业基地，集聚了华为、中兴通讯、诺基亚、飞利浦、TCL、康佳等电子信息生产集团。全国重要的移动通信设备企业有一半集中在该区域。东莞的 PC 产业集群是我国发展最早、最为成熟的 PC 零部件生产基地和整机组装基地。早期深圳至东莞的产业走廊汇集了全球近 90%的计算机产业龙头企业，东莞的复印机、台式电脑、光传感器、微型电机产量约占世界产量的一半。

（2）以江苏、上海、浙江为龙头的长江三角洲地区。20 世纪 80 年代，长三角的电子信息产业开始振兴。1995 年长三角加快承接国际产业转移以后，产业规模突飞猛进，目前已形成了集成电路、电子计算机、通信设备和软件产业等为主导的电子信息产业基地，新型显示、汽车电子、物联网等发展势头强劲。

（3）以北京、天津、大连、青岛为龙头的环渤海地区。该区域吸引了来自美、日、韩等跨国公司的投资，形成了通信、计算机、集成电路、微电子、家用电器等电子信息产业新的增长极，是综合性 IT 产业密集带。但由于环渤海地区不同省市之间经济条件差异较大，产业联系程度不高，因此该区域企业相对松散孤立。

（4）以西安、重庆、成都、武汉、长沙等为重点城市的中西部地区。该区域利用三线建设时期保留的产业基础，形成以光电子、通信设备、军工电子等产品为主导产品的电子信息产业基地。《电子信息产业经济运行公报》显示，2012 年我国中西部地区规模以上电子信息制造业销售产值分别增长 34.93%、37.18%，同期东部地区销售产值同比仅增长 9.12%。从效益看，中西东部地区收入分别增长 37.28%、35.48%和 9.43%，利润分别增长 20.99%、9.98% 和 4.34%。从投资看，中西部地区完成投资额 4 128 亿元，同比增长 20.6%，增速高于全国水平 14.9 个百分点，比重（43.0%）比上年提高 5.3 个百分点。从出口看，广东、江苏、上海等东部沿海省市出口分别下降 1% ~ 12%，但中西部地区中，部分比重较大的省市如重庆等出现正增长。由此可见，随着国家进一步鼓励和引导东部发达地区生产能力逐步向中西部转移，该区域已经呈现较强的发展潜力。

4.2.2　钢铁产业空间变化

钢铁产业是国民经济的重要基础性产业，涉及面广、产业关联度高、消费拉动大，在国民经济建设、社会发展、财政税收、国防建设及稳定就业等方面发挥着重要作用。我国是钢铁生产和消费大国，粗钢产量连续 14 年居世界第一。进入 21 世纪以来，我国钢铁产业发展迅猛，粗钢产量年均增长率达 21.1%。1978 年，我国钢产量仅有 3 178 万吨，居世界第四位。至 2017 年，粗钢产量超过 8.3 亿吨，约占全球产量的 49.2%。

在钢铁产量实现跨越式增长的同时，我国钢铁产业的空间分布也发生了显著变化。1949 年之后的一段时期为了改善我国钢铁产业偏居东北的情况，我国进行了"三大、五中、十八小"① 钢铁基地建设和"三线建设"，初步形成了我国钢铁产业空间分布格局。改革开放初期，我国钢铁产业主要分布在辽宁、上海、四川和湖北等地区。1985 年，粗钢产量最多的省份为辽宁和上海，两者粗钢产量约占全国总产量的 1/3。"七五"

---

① 1956 年我国开始进行"三大、五中、十八小"钢铁基地建设。其中，"三大"指鞍钢（320 万吨/年），武钢（300 万吨/年）和包钢（300 万吨/年）。"五中"指 5 个年产 50 万 ~ 100 万吨的企业，选定为太原、本溪、重庆、湘潭和北京石景山。"十八小"指 18 个规模在年产 30 万吨左右的小厂，具体为：黑龙江西林、吉林通化、山东济南、河北邯郸、河南安阳、江苏南京、浙江杭州、福建三明、广东广州、湖南涟源、广西柳州、云南昆明、贵州贵阳、甘肃兰州、宁夏石嘴山、陕西略阳和新疆八一。

时期，东部沿海地区的钢铁产业迅速发展，1990 年，我国东、中、西部的粗钢产量分别为 57%、30% 和 13%。

1992 年以后，我国钢材特别是建筑用材供不应求，市场价格直线上升。面对过热的钢材市场，国家于 1993 年全面加强了宏观调控，整顿金融秩序，大力压缩了固定资产投资。1993 年后，钢铁市场逐渐趋冷，各地钢铁行业效益下滑，产能萎缩，到 1998 年达到最低点。1999 年后，通过淘汰落后产能、整顿钢材市场等有效措施的实施，钢材市场逐步好转，各地钢铁企业经济效益开始回升。至今，我国已经建成了宝钢、鞍钢、武钢、沙钢、包钢、首钢、马钢等众多重点特大型钢铁联合企业（见表 4－5）。大部分钢铁产能集中在鞍山、本溪、天津、唐山、上海、太原等地，其中又以辽宁最为集中。从增长贡献率来看，1993～2015 年间，对我国钢铁产业增长贡献率最高的前五位省区市分别是：河北（16.25%）、江苏（14.30%）、山东（7.81%）、辽宁（6.87%）和天津（6.00%），五个省区市总计贡献率为 51.23%（见图 4－5）。

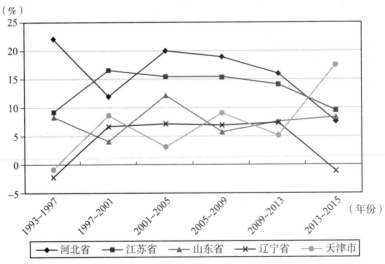

图 4－5　钢铁产业重点省区市的对全国产值增长贡献率（1993～2015 年）

资料来源：作者根据历年《中国工业经济统计年鉴》和《中国工业统计年鉴》计算而得。

表4-5 2017年钢铁企业粗钢产量排名情况

排名	企业名称	粗钢产量（万吨）	同比增加（%）
1	宝武集团	6 539.2	11.81
2	河钢集团有限公司	4 406.29	-1.91
3	江苏沙钢集团	3 834.73	15.32
4	鞍钢集团公司	3 421.98	3.09
5	首钢集团	2 762.9	3.11
6	山东钢铁集团有限公司	2 167.88	-5.82
7	北京建龙重工集团有限公司	2 026.13	23.14
8	湖南华菱钢铁集团有限责任公司	2 014.64	11.41
9	马钢（集团）控股有限公司	1 971.4	5.82
10	本钢集团有限公司	1 576.94	9.5

资料来源：根据《中国钢铁工业年鉴2017》资料整理而得。

总体来看，当前我国钢铁工业布局仍较为不合理，主要体现在三个方面：第一，生产成本较高，受到环境、水资源、运输条件、能源供应和资源供给等多重制约。由于历史的原因，我国钢铁企业大多数分布在靠近资源和大中型城市的内陆地区，多数重点大中型企业位于省会和大中型城市。目前，沿海企业只有首钢曹妃甸、鞍钢鲅鱼圈和宁波北仑港，产能不到全国的5%。沿江企业主要有宝钢、沙钢、马钢、武钢和重钢，产能不足全国的15%。全国60%的钢铁产能集中在人口密集区和缺水地区，40多家钢铁企业位于省会和大中型城市，生产严重受到环境制约。第二，生产能力与消费能力不匹配。主要体现为内地产能过多，沿海临港产能不足，主要产区产能过多，主要消费区产能不足；第三，产业集聚度不高。2017年，我国粗钢产量达到1 000万吨的企业只有22家，年产500万～1 000万吨粗钢的企业12家，产业集中度过低，导致其规模效应偏低，生产成本增加，资源配置程度不高，削弱了我国钢铁产业在国际市场的地位和作用。

"十一五"时期，我国已通过系列措施积极调整了钢铁产业布局。一是建设沿海钢铁基地。完成了首钢搬迁工程，建成了曹妃甸钢铁精品基地；推动了鞍钢在港口城市营口市建立新的厂区；武钢与柳钢开始合作建设防城港钢铁基地。二是推进城市钢厂搬迁，引导产业有序转移和集聚发展，减少城市环境污染。组织实施了北京等城市钢厂搬迁项目，推进了抚顺、青岛、重庆、石家庄等城市钢厂搬迁。三是加快企业的联合重组。推动了宝钢与广东钢铁企业、武钢与广西钢铁企业兼并重组，淘汰或减少了现有落后产能。通过这些调整，我国钢铁工业的地区布局得到了一定的改善。"十二五"时期，宝钢湛江一期、武钢防城港等重大沿海基地项目建成投产，缓解了我国钢铁"北重南轻"的布局问题。青钢、芜湖新兴铸管、广钢完成搬迁和转产，石钢、贵钢、杭钢等城市钢厂搬迁改造或转型发展正在实施，产业空间布局日趋完善，但产业集中度仍有待进一步提升。

2000~2013年间，我国东部地区的钢产量占全国的比重由60.3%上升至64.71%，西部地区由12.3%上升至16.11%，而中部地区由27.4%下降至19.18%。"十三五"期间，我国钢铁工业将进一步结合兼并重组、淘汰落后、老厂改造和城市钢厂搬迁等措施，在去产能去杠杆的前提下，调整钢铁工业布局，减少内陆中心城市、重要环境保护区、严重缺水地区以及产能过度集中地区的钢铁生产规模，缓解布局不合理带来的物流和生态环境压力。

4.2.3　化工（乙烯）产业空间变化

化学工业是衡量国家工业化和现代化程度的标志性产业之一。改革开放以来，我国化学工业在国民经济中的地位和作用显著提高，总体规模、技术能力和管理水平实现跨越式发展，部分主要化工产品生产能力跃居世界前列。与此同时,行业生产力布局呈现了向规模经济显著的地区集中,向沿海、沿江和生产基础较好、资源较为充足地区集中的趋势(见图 4 - 6)。1993 ~ 2015 年的 20 余年间,从产值分布来看,行业分布的集聚程度不断提高。至 2015 年,江苏、山东、广东三个省份占全国总产值的比重已从 1993 年的 31.55% 提高到了 46.27%。从增长贡献率来看,这一时期对我国化工产业增长贡献率最高的前五位省区分别是:山东(20.05%)、江苏(19.53%)、广东(7.13%)、浙江(6.97%)和辽宁(3.32%),五个省份总计贡献率达 58.00%(见图 4 - 6)。

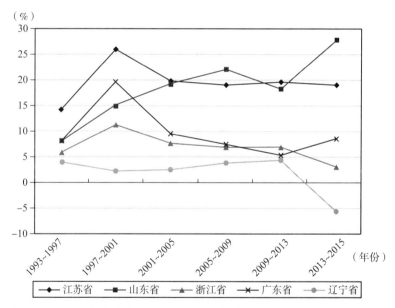

图 4 - 6　化工产业重点省区的对全国产值增长贡献率(1993 ~ 2015 年)

资料来源:作者根据历年《中国工业经济统计年鉴》和《中国工业统计年鉴》计算而得。

鉴于化学工业涉及领域广泛,下文主要分析石化工业的龙头行业乙烯工业的空间变化。乙烯是衡量一个国家石化工业发展的重要标志,我国乙烯工业起步于 20 世纪 60 年代。1962 年兰化公司 5kt/a 乙烯装置建成投产，标志着我国乙烯工业的诞生。近年来，我国乙烯工业发展迅猛，产能已由2005年的785.9万吨/年增加到2016年的1 781.14万吨/年，年均增长率达11.2%。截至2015年年底，我国有27家乙烯生产企业、35套生产装置，装置平均规模52.4万吨/年，与世界平均规模的52万吨/年基本持平，我国已成为仅次于美国的世界第二大乙烯生产国，中国石化集团公司在世界十大乙烯生产商中位列第5名。

自1976年我国在燕山建成了第一套30万吨/年的大型乙烯装置后，"七五"期间，大庆、齐鲁、扬子、上海石化四套30万吨/年的大型乙烯装置相继投产。"八五"期间，燕山乙烯改造到45万吨/年，扬子乙烯改造到40万吨/年，同时还新建了茂名、吉化两套30万吨/年大型乙烯和天津、中原、广州、北京、独山子等多套14万吨/年的中型乙烯，初步形成了我国石化工业的格局，以乙烯为代表的我国石油化工工业有了相当的基础和规模。

总体来看，我国化工产业空间分布还存在厂址分散、炼化副产品难以集中利用、管理成本高于先进国家水平等问题，严重影响了整体竞争实力。目前世界石化行业倾向于集中布局，以美国为例，2003年美国的36套乙烯装置建在毗邻墨西哥湾的德克萨斯州和路易斯安那州，装置数占美国的90%，生产能力占96%。目前我国乙烯装置分布难以发挥集群效应。为改变这一状况，按照《石化产业调整和振兴规划》，我国未来新建、改扩建乙烯装置的布局重点主要在长三角（上海、宁波、南京等）、珠三角（广州、惠州、湛江、茂名等）以及环渤海地区（大连、青岛、天津等），以提高我国乙烯工业的集聚度，致力于打造3~4个年产200万吨级的乙烯生产基地，形成"两洲一湾"的世界级乙烯产业集群。

4.2.4 汽车制造业空间变化

自1953年7月第一汽车制造厂奠基以来，我国汽车工业已经走过了

60 余年的发展历程，完成了从年产不足 1 万辆到年产接近 1 000 万辆的飞跃，成为交通设备制造业的中坚力量。回顾我国汽车工业历程可见，1949 年之后的一段时期，我国汽车工业分布分散，在各省、市、自治区有上百个厂点，生产各类汽车 200 余种。但其中绝大多数工厂并不具备生产条件，试制汽车品种重复，技术落后，生产数量少。20 世纪 60 年代，国家经过"关、停、并、转"的结构性整顿，一些技术和设备条件较好的汽车生产厂点在国家和各地区的支持下，逐步发展成为汽车制造厂。初步建立了我国现代汽车工业格局，形成了长春（一汽）、南京（南汽）、上海（二汽）、北京（北汽）、济南（济汽）、成都（川汽）和西安（陕汽）七个生产基地。1976 年，全国汽车制造厂增加到 66 家，汽车改装厂增加到 166 家，零部件生产也得到快速发展，形成了以载货汽车和越野汽车为主的汽车产品体系（中国汽车工业史编审委员会，1996）。

改革开放后，为了填补汽车产品缺少轻、轿车的空白，弥补汽车生产企业规模小、技术水平低等问题，我国汽车工业集中投资建成了上海大众、一汽大众、东风神龙、天津夏利等轿车生产基地，相对改变了较为分散的生产局面，形成了较为完整的产品系列和生产布局，生产能力大幅度提高。同时，"十一届三中全会"提出"对内搞活，对外开放"的经济政策，也促使了国内汽车工业积极引进国外技术与资金。1984 年北京汽车制造厂率先与美国汽车公司合资经营北京吉普汽车有限公司，同年中德签署了上海大众汽车有限公司合资协议。随后，广州标致、一汽大众、神龙、重庆长安铃木、郑州日产、江西五十铃、西安西沃、桂林大宇等纷纷签署了合资协议。从这时开始，跨国公司开始进入中国汽车行业，对我国汽车产业格局的构建起到了重要的影响。但这一时期，跨国公司对中国市场、政策环境等均处于熟悉阶段。

1994 年后，伴随着《汽车工业产业政策》的颁布，中国汽车工业进入了新的发展时期。至 2014 年，我国汽车产量从 2001 年的 233.4 万辆增长至 2 372.51 万辆。世界上几乎所有跨国汽车公司都在中国完成了战略布局。在企业重组和跨国公司进入的双重影响下，我国汽车生产企业形成了"3+8"的基本结构，"3"指产销量均超过百万辆的上汽、一汽和东风三家企业，"8"指产销超过10万辆的长安汽车、北京汽车、广州汽车、奇瑞汽车、华晨汽车、哈飞汽车、浙江吉利、比亚迪汽车。建立了长三角地区、珠三角地区、东北地区、环渤海地区、华中地区和西南地区六大汽车生产基地：（1）长三角地区：上海—无锡—常州—镇江—南京—扬州目前已经形成了一条汽车生产配套能力较强的工业走廊，其主要基地包括上海浦东国际汽车城（上汽集团、上海大众、上海通用）、浙江（吉利汽车公司）、江苏南京（南京菲亚特、上汽仪征、扬州亚星、长安福特）和江苏盐城（东风悦达起亚）、安徽芜湖（奇瑞汽车）。（2）珠三角地区：是我国最大的轿车消费市场，集聚了日本的本田、丰田和日产三大日系汽车集团和众多汽车零部件配套企业，是我国日系汽车生产基地。该区域的主要生产基地包括：广州黄埔（广州本田、广州五十铃）、广州花都（东风汽车）和南沙开发区（丰田汽车）。（3）东北地区：是我国汽车工业的摇篮，在汽车生产、配套和研发等方面具有独特优势。主要生产基地包括：吉林长春（一汽集团、吉林通田）、黑龙江哈尔滨（哈飞汽车、哈尔滨轻型车厂）和辽宁沈阳（华晨宝马）。（4）环渤海地区：资源优势、交通优势和产业基础较好，汽车产业发展潜力较大。主要生产基地有：北京（北京现代、北汽福田、北京奔驰、北汽有限公司等）、天津（天津丰田、天津一汽、一汽华利等）。（5）华中地区：该区域是中国内陆的市场中心，有较强的市场集散功能和广泛的经济辐射作用。其主要生产基地包括：武汉（东风汽车公司、武汉汽车总装厂）。（6）西部地区：该区域主要基地为重庆（长安汽车、重庆庆铃汽车、福特轿车）、西安（比亚迪汽车）和成都（四川丰田），是中国最大的微车生产基地。

与改革开放前的生产布局相比，计划经济时期形成的生产基地区位没有发生根本变化。进入20世纪90年代后，新生产基地的选择具有两个重要的特点：一是选址更接近市场，各大汽车集团不断增加自身生产基地以占领更多的市场份额，如一汽集团现有七大生产基地几乎可以覆盖了整个中国市场。二是不同汽车集团、不同跨国公司同种类型汽车的生产基地呈现相对分散的状态。总体看来，我国汽车工业的空间分布仍较为分散，集聚程度不高。

4.3　制造业空间分布指数变化特征

4.3.1　制造业地理集中趋势明显

改革开放以来，我国产业的空间分布表现出明显的地理集中特征。作者采用 1980～2011 年对我国 28 个两位数制造业行业的分析，计算描述制造业地理集中度的基尼系数，发现随着制度改革的不断推进，我国制造业地理集中程度的变化过程可以划分为三个主要阶段（见图 4 - 7）：（1）1980～1991 年，制造业地理集中度较低，且变化程度较小。其主要原因是改革开放初期，市场化进程不明显，且制度影响具有一定的时滞性，因此其对制造业地理集中的影响程度不显著。（2）1992～1997 年，制造业地理集中程度显著加快。1992 年邓小平南方谈话后加快了市场经济体制的建立，致使这一时期国内资金和人才的流动性大大提高，尤其是沿海地区以工业为主导的经济增长极为迅速，加剧了制造业的地理集中程度。（3）1997 年至今，制造业集中程度处于稳步增长阶段，但增速逐渐减缓。尤其是 2004 年后增长减缓的趋势明显。近年来受到金融危机的影响，制造业产品逐渐由卖方市场向买方市场转变，竞争日益激烈也导致制造业地理集中趋势减缓（魏后凯等，2008）。

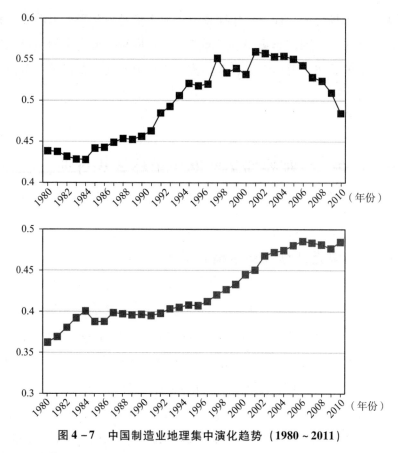

图 4 - 7　中国制造业地理集中演化趋势（1980～2011）

注：上图为使用工业总产值计算得出，下图为使用从业人员数计算得出。

资料来源：2002 年以前数据参考魏后凯等著. 中国产业集聚与集群发展战略. 经济管理出版社，2008：58. 2003～2011 年数据根据《中国工业经济统计年鉴》计算而得。

　　从行业产业集中度情况看（CR₅），绝大多数产业的集中度有明显升高（见表 4 - 6）。行业整体的集聚水平普遍提高，但各行业变化程度存在差异，个别行业集聚水平呈下降趋势。按照 2007 年各行业基尼系数（G）值的大小（见图 4 - 8），参照张同升，梁进社等（2005）对各行业区位基尼系数与行业生产空间集聚程度的判断，可以把 28 个行业的集聚水平分成以下六种类型：

　　（1）高度集中型（G > 0. 50）：烟草加工业、电子及通信设备制造业、文教体育用品制造业、化学纤维制造业；

（2）比较集中型（0.40＜G＜0.50）：石油加工及炼焦业、服装及其他纤维制品制造业、仪器仪表及文化办公用机械制造业、皮革毛皮羽绒及其制品业；

（3）相对集中型（0.35＜G＜0.40）：纺织业、家具制造业、黑色金属冶炼及压延加工业、有色金属冶炼及压延加工业；

（4）相对分散型（0.30＜G＜0.35）：木材加工及竹藤棕草制品业、橡胶制品业、塑料制品业、交通运输设备制造业、电气机械及器材制造业；

（5）比较分散型（0.20＜G＜0.30）：食品制造业、饮料制造业、造纸及纸制品业、印刷业记录媒介的复制业、医药制造业、非金属矿物制品业、金属制品业、通用设备制造业；

（6）高度分散型（G＜0.20）：化学原料及化学制品制造业、专用设备制造业。

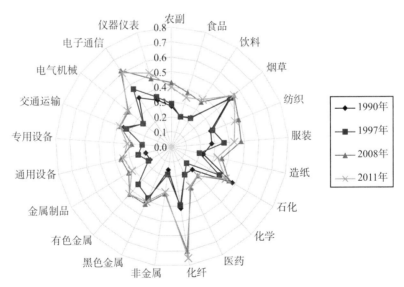

图 4 - 8　制造业 21 个行业基尼系数变化情况（1990、1997、2008 和 2011 年）

资料来源：根据各年《中国工业经济统计年鉴》计算而得。

表 4 - 6 　　　　　1993 ~ 2013 年主要工业行业的产业集中率（CR₅）

行业	1993	1997	2000	2003	2005	2008	2011	2013	2013 年前五位省区市				
C13	45	45.9	52.8	54.4	55.2	52.8	46.6	47.9	山东	河南	辽宁	湖北	江苏
C14	48.3	46.6	49.4	48.8	49.5	50.1	44.7	44.4	山东	河南	广东	天津	福建
C15	47.1	45.2	47.6	49.8	49.3	45.2	46.2	46.7	四川	山东	湖北	河南	广东
C16	50.2	55.1	53.7	48.9	49.1	47.9	49.1	47.4	云南	上海	湖南	广东	山东
C17	65	62.2	68.6	73.8	77.1	77.2	71.4	70	山东	江苏	浙江	广东	河南
C22	43.7	49.3	60.5	65.9	67.6	67.9	59.7	57.1	山东	广东	江苏	浙江	河南
C25	53.7	50.4	50.32	49.4	45.7	46.3	44.8	47.1	山东	辽宁	广东	江苏	河北
C26	45.2	43	50.1	56.1	59.1	59	55.8	57	江苏	山东	浙江	广东	湖北
C27	44.5	42.2	41.1	42.8	45.3	45.7	45.1	47.6	山东	江苏	河南	吉林	广东
C28	72	70	73.6	77.8	81	83.8	85.7	88.1	江苏	浙江	福建	山东	四川
C31	45.9	44	50.8	53	55.81	55	48.9	48.8	山东	河南	江苏	广东	辽宁
C32	51.1	48.7	48.9	50.8	53.4	51.9	51.1	51.2	河北	江苏	山东	辽宁	天津
C33	41.8	35.8	37.2	41.3	45.7	48.2	46.2	48.2	山东	江西	河南	江苏	广东
C34	52.4	55.1	68.1	54.1	71.8	66.6	60.8	59.8	江苏	山东	广东	河北	浙江
C35	51.9	55.1	64.2	68	66.3	64.7	59.1	59.9	江苏	山东	辽宁	浙江	广东
C36	48.8	54	59.4	55.7	55.8	51.4	53.6	55.4	山东	江苏	河南	湖南	辽宁
C37	45.7	49.5	50.4	48.8	44.5	45.6	45.6	44.8	江苏	山东	吉林	广东	上海
C39	60.2	65.8	72.1	74.8	74.9	70.7	67	65.2	江苏	广东	山东	浙江	安徽
C40	64.5	67.8	73.9	78	81.2	80.8	76.4	70.6	广东	江苏	上海	山东	四川
C41	61.8	67.7	76.6	76.5	76.5	72.6	72.2	70.8	江苏	广东	浙江	山东	上海

注：C13 为农副食品加工业，C14 为食品制造业，C15 为饮料制造业，C16 为烟草制造业，C17 为纺织业，C22 为造纸及纸制品业，C25 为石油化工炼焦加工业，C26 为化学原料及换血制品制造业，C27 为医药制造业，C28 为化学纤维制造业，C31 为非金属矿物制品业，C32 为黑色金属冶炼及压延加工业，C33 为有色金属冶炼及压延加工业，C34 为金属制品业，C35 为通用设备制造业，C36 为专用设备制造业，C37 为交通运输设备制造业，C39 为电气机械及器材制造业，C40 为电子及通信设备制造业，C41 为仪器仪表及文化办公用品机械制造业。

资料来源：根据各年《中国工业经济统计年鉴》计算而得。

　　由行业集聚度水平的分类结果可发现以下四个规律：第一，知识密集型和技术密集型的行业集聚程度普遍较高。如电子及通信设备制造业、电气机械及器材制造业、仪器仪表及文化办公用机械制造业等技术含量较高的行业集聚程度也普遍很高。其主要原因是技术密集型行业具有较强的专业化要求，具有规模经济的特征，需要高端人力资本、资金条件充足、市场规模较大、基础设施完备的地区形成专业化产业区，属于较典型的高度集聚行业；第二，资源密集型行业集聚程度较高。这类行业需要依托地区资源进行加工，具有在资源禀赋较好地区集聚的特征，如烟草加工业、石油加工与炼焦业等；第三，部分劳动密集型行业集聚程度较高，如纺织业、服装及其他纤维制品制造业、皮革毛皮羽绒及其制品业等，这些产品多以"即时生产"模式为主，对上下游企业时间响应要求较高，倾向于集中布局；第四，多数劳动密集型和资本密集型产业集聚程度偏低。许多劳动密集型企业如食品制造业、饮料制造业等，对技术、资金要求较低，企业往往会根据市场需求和市场容量的客观情况分散布局，集聚程度较低；而部分资本密集型企业则与地方产业政策导向的同构不无关系。"十三五"规划中，各地区都提出了建立以高技术、高附加值为基础的战略性新兴产业和优势工业行业，这在一定程度上导致了各地区工业门类雷同性较高，地方保护主义严重，导致了部分资本密集型企业分布较为分散。随着市场化改革的不断深化和政府职能的转变，分散分布的趋势将在未来一段时期内有所改观，这些行业的集聚程度会有所提升。

4.3.2　地区专业化指数不断提高

随着商品经济的不断发展，各地区凭借其自身的资源禀赋、劳动资源或社会经济基础优势，形成了一批独具特点的专业化生产部门，构成地区经济的主体，即可视为地区专业化。衡量地区专业化的方法包括克鲁格曼专业化指数、赫芬达尔专业化指数、熵指数、基尼指数和产业集中指数等多种。通过计算 1985 年、2005 年和 2011 年各省克鲁格曼专业化指数及其变化情况，可以发现我国各省区专业化程度明显提升，1985 年我国除西藏外其他地区均属于多样化地区，至 2005 年，已有 10 个省发展成为高专业化地区、2 个省为中等专业化地区（见表 4 - 7）。其中，高专业化地区中，西藏、青海、宁夏等工业化水平相对较低，因此专业化指数较高；而山西、云南、吉林、新疆等则是由于产业结构极为单一所致。

表 4 - 7 　　　　　　　　　　　中国专业化地区分类

克鲁格曼专业化指数		1985 年	2005 年	2011 年
SKG = 2	完全专业化地区	—	—	—
0.8 < SKG ≤ 2	高专业化地区	—	西藏、青海、山西、云南、宁夏、吉林、甘肃、贵州、内蒙古、新疆	内蒙古、海南、贵州、云南、西藏、甘肃、青海、宁夏、新疆
0.6 < SKG ≤ 0.8	中等专业化地区	西藏	黑龙江、广东	山西、吉林、黑龙江、广东、广西
0.4 < SKG ≤ 0.6	低专业化地区	—	上海、辽宁、北京、河北、浙江、湖北、陕西、河南、四川、湖南、福建	北京、天津、河北、辽宁、上海、江苏、浙江、福建、山东、河南、湖南、四川、重庆、陕西
0 < SKG ≤ 0.4	多样化地区	青海、山西、云南、宁夏、吉林、甘肃、贵州、内蒙古、新疆、黑龙江、广东、上海、辽宁、北京、河北、浙江、湖北、陕西、河南、四川、湖南、福建、安徽、江苏、山东、天津、江西	安徽、江苏、山东、天津、江西	安徽、山西、湖北
SKG = 0	完全多样化地区	—	—	—

资料来源：1985 年及 2005 年数据参考魏后凯等著. 中国产业集聚与集群发展战略. 经济管理出版社，2008：107. 2011 年数据根据《中国工业经济统计年鉴》计算而得。

4.3.3　地区间差异持续扩大

地区间差异的不断扩大主要体现在两个方面：首先，行业集聚地的分布极不均衡。按照表 4-8 所得的 2008 年我国主要工业行业所在的省市情况，可以将中国 31 个省区市分为以下四类：（1）东部沿海地区的山东、江苏、广东是中国工业的主要集聚地区（前五位出现次数 >10），在大多数工业行业中占据绝对的主导地位。这些地区已经形成了较为规范的市场环境，资源配置效率较强，产业发展能力较强。同时由于这些地区也具有完备的软硬环境建设，市场消费能力较强，进出口相对便利，因此吸引了众多的产业集聚于此。这些主要行业包括：电子及通信设备制造业、仪器仪表及文化办公用机械制造业、电气机械及器材制造业、金属制造业等。（2）河南、浙江、辽宁、上海、四川、河北、湖北属于次级集聚区（前五位出现次数 >2），主要集聚行业相对较少，包括有色金属冶炼及压延加工业、农副食品加工业、食品制造业等。（3）天津、福建、吉林、湖南、江西、云南、安徽属于工业行业集聚相对较弱地区（前五位出现次数 =1），仅有 1 项工业排名在全国前五名的行列。（4）全国 31 个省区（直辖市）中出现在前五位的省市只有 17 个，除港澳台外，其余 11 个地区没有在全国具有优势的行业，这些地区大都位于西部地区，经济发展相对落后，主要工业行业在这些地区分布相对零散，甚至有部分行业在这些地区处于空白状态。

表 4-8　　　　2013 年中国 20 个主要工业行业规模
最大的前五位省区市出现次数

山东	20	辽宁	6	湖北	3	湖南	2
江苏	17	上海	4	天津	2	江西	1
广东	16	四川	3	福建	2	云南	1
河南	9	河北	3	吉林	2	安徽	1
浙江	8						

资料来源：由表 4-6 统计而得。

其次，制造业空间分布的不均衡性，直接影响各地区所处的工业化阶段，从而导致地区间的经济发展能力和产业竞争力存在较大差异（见表4-9）。四大经济板块中，东部地区工业化综合指数达78，而中西部地区仅为30和25，差距之大跨越了工业化进程的初期、中期和后期三个阶段。同时值得注意的是，西藏、海南还仅处于工业化初期阶段，地区间工业化进程差异显著。

表4-9　　　　　　　　2010年中国各地区工业化阶段比较

阶段		31省区市
后工业化阶段		上海（100）、北京（100）
工业化后期	后半阶段	天津（90）
	前半阶段	辽宁（71）、江苏（74）、浙江（74）、福建（70）、山东（67）、广东（74）
工业化中期	后半阶段	山西（51）、内蒙古（64）、湖北（51）、重庆（55）、陕西（52）、宁夏52）
	前半阶段	河北（48）、吉林（48）、黑龙江（48）、安徽（44）、江西（44）、河南（44）、湖南（41）、广西（41）、四川（44）、青海（44）、新疆（34）
工业化初期	后半阶段	贵州（22）、云南（30）、甘肃（30）
	前半阶段	西藏（12）、海南（16）

注：括号中数字为工业化综合指数，具体计算方法参见陈佳贵，黄群慧，钟宏武. 中国地区工业化进程的综合评价和特征分析. 经济研究，2006（6）：4-15.

资料来源：陈佳贵，黄群慧，钟宏武，王延中等. 中国工业化进程报告——1995～2005年中国省域工业化水平评价与研究. 社会科学文献出版社，2007：42.

4.4　制度对制造业发展影响贡献率的测度方法

4.4.1　测度模型

1. 测量制度与经济增长之间关系的现有研究方法

改革开放以来，我国制造业空间分布无论是在区域尺度、还是在城市尺度上，都发生了极为深刻的变化。虽然区位及资源禀赋条件、资本、劳动力等诸多因素综合影响了这一变化过程，但总体而言制度变迁仍是引发我国制造业空间变化最主要的因素之一。然而，制度到底在多大程度上影响了制造业空间变化仍无法被准确度量。但值得注意的是，制造业在不同地区的经济增长能力构成了空间变化的差异。因此，虽然目前尚没有成熟的方法可以检验制度变迁和制造业空间变化二者之间的相关性，但通过测量制度对制造业经济增长的贡献，也可以间接说明制度因素的作用。

依据制度—经济增长理论，许多经济学者曾对制度与经济增长之间的关系进行过大量的计量研究，可以为我们测量制度变迁对制造业发展的影响提供借鉴思路。经济学界对制度（正式制度）与经济增长之间关系的研究，大致可分为如下三类：（1）经济制度方面：考夫曼等（Kaufmann et al.，1999）对 150 个国家的截面数据进行研究，通过计量治理结构与经济增长之间的关系，得出了公司治理对经济增长具有较强因果关系的结论；贾格斯和古尔（Jaggers and Gurr，1995）对产权关系与物质资本和人力资本投资影响之间的关系进行了计量研究；霍尔和琼斯（Hall and Jones，1999）认为制度和政府政策的差异对国家间的劳均产出具有决定性作用。（2）政治制度方面：阿莱希那等（Alesina et al.，1992）、海利维尔（Helliwell，1994）和巴罗（Barro，1996）衡量了民主与经济增长之间的关系；阿泽兹（Chowdhurie‑Aziz，1997）度量了非精英参与政治制度与经济增长之间的关系。（3）综合性制度方面：罗德里克（Rodric，1995，1996，2000）测量了腐败与经济增长之间的关系；麦灵格等（Mellinger et al.，1998，2000）综合加权了资源禀赋、贸易程度以及制度质量等指标，并分析了综合指标与经济增长之间的关系；伊斯特利和莱维（Easterly and Levine，2002）也通过加权的方式度量了地理位置、制度质量与经济增长之间的关系。

这些研究的方法可以归纳为以下几种类型：（1）层次分析法结合相关性分析。这类研究首先采用一定的指标体系对制度进行量化，或直接引用国际机构发布的指标体系、统计数据或相应指数。包括 Gastil 指数（反映政治自由度与民主程度）、BERI 指数（反映产权制度）、I 指数（反映腐败程度）等。然后建立多变量回归相关模型，计算制度变迁与经济增长之间的关系。如尼尔森和辛格（Nelson and Singh，1998）将经济自由度作为控制变量，研究了经济自由、政治自由和经济增长之间的关系，对1970～1989 年 67 个发展中国家面板数据的研究结果表明经济自由对经济增长具有相当积极的影响。斯库利（Scully，2002）的研究结果也表明发达国家的经济自由度、政府政策对经济增长和市场繁荣也具有积极的影响作用。（2）强估计分析法（robust estimate）。德·哈安和西尔曼（De Haan and Siermann，1998）、斯特拉姆和德·哈安（Strum and De Haan，2001）用强估计法对格瓦特尼等（Gwartney et al.，1996）测算的三种经济自由度指数进行了分析，认为经济自由度的变化和经济增长显著相关，经济自由度的水平和经济增长不相关。卡尔森和伦德斯多姆（Carlsson and Lundstrom，2002）利用类似的方法研究了不同经济自由度对经济增长的重要程度。强估计分析法能够判断哪些指标是正相关的，哪些指标关系是微弱的，哪些指标是负相关的。但由于此种方法剔除了许多极端值的影响，其解释性也受到了一定的限制。（3）虚拟变量法。这种方法不对制度进行全面量化，而是根据不同时期制度的重要性，将制度变量设定为虚拟变量，将 y = 0 和 y = 1 时经济增长的情况进行比较，从而纳入生产函数中计算不同生产要素对经济增长的贡献。但这种方法不适合多种制度综合作用时的情况，分析所得结论往往也仅限于制度存在和制度不存在这两种情况。（4）余值法。余值法是根据索洛余值法演化而来的，这种方法认为经济增长贡献率由资本、劳动和广义技术进步三部分组成。利用柯布－道格拉斯生产函数进行全要素生产率（TFP，即索洛余值）的计量，在TFP 中扣除技术创新贡献后的剩余，即可得到制度对经济增长的贡献率。马健（1999）、李子奈、鲁传一（2002）都曾采用余值法对我国制度创新和管理创新对经济增长的贡献进行过度量。

还有部分学者曾利用 Granger 因果分析法、极值边界分析模型等方法对制度与经济增长之间的关系进行过度量。以上各种方法都具有自身的优点，也都具有各自的局限和不足。至今，学界应用较为广泛的是索洛余值法。

2. 测量制度与制造业发展之间关系的模型

借鉴制度与经济增长之间关系的度量方法，本书用改进后的索洛余值法度量我国制度因素对制造业发展之间的关系。索洛余值又被称为全要素生产率（total factors productivity，TFP）的增长率。索洛（Solow，1957）在一篇题为《技术变化和总量生产函数》的论文中首次使用了增长核算（growth accounting）这一计量方法。在索洛模型中，人均产出的长期增长仅仅取决于外省的技术进步，但短期增长却由资本积累、劳动投入和技术进步三者共同决定。因此索洛假设总量生产函数为：

$$Y = F(T, K, L) \tag{4.1}$$

其中，Y 代表产出，K 和 L 分别代表资本和劳动的投入，T 代表技术水平，该函数表明，只有生产投入的增长和技术进步才能够导致 GDP 的增长。

索洛的方法强调了资本和劳动投入对经济增长的贡献率，但其将 T 值定义为技术进步具有一定的局限性。扣除劳动和资本之外的所有经济增长因素构成了 I 值，对制造业发展而言，I 值应为包含技术进步在内的广义的制度创新（见图 4-9）。

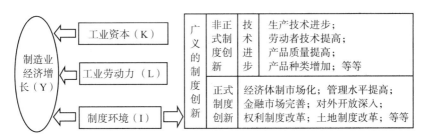

图 4-9　制造业经济增长贡献因子分析

资料来源：作者绘制。

由此，计算出的 T 值即可认为是制度创新对制造业经济增长的贡献率。对式（4.1）取对数形式并关于 t 作全微分，即得到：

$$\frac{\Delta Y}{Y} = I + \left(\frac{F_K K}{Y}\right) \times (\Delta K/K) + \left(\frac{F_L L}{Y}\right) \times (\Delta L/L) \quad\quad (4.2)$$

其中，F_k，F_L 是资本和劳动力的要素的社会边际产出（social marginal products），I 是制度贡献率。

由式（4.2）可得：

$$I = \frac{\Delta Y}{Y} - \left(\frac{F_K K}{Y} \times (\Delta K/K) - \left(\frac{F_L L}{Y}\right) \times (\Delta L/L)\right) \quad\quad (4.3)$$

实证中，根据数据的可获得性，我们将不能直接度量的要素社会边际产出用可以直接观察到的要素价格来代替。因此有：$F_K = R$（R 是资本租金），$F_L = w$（w 为工资率），这样 $S_L = F_L L/Y = wL/Y$ 就是劳动收入在 GDP 中所占的份额。同理，$S_k = F_k K/Y = RK/Y$ 就是资本份额。这样，制度贡献率 I 就可以写成如下形式：

$$\hat{I} = \frac{\Delta Y}{Y} - S_k \times (\Delta K/K) - S_L \times (\Delta L/L) \quad\quad (4.4)$$

其中，Y 代表产出，K 和 L 分别代表资本和劳动的投入，S_k 和 S_L 分别代表资本和劳动的产出弹性。$\hat{I}$ 是索洛余值，也被称为全要素生产率，是产出增长率扣除各生产要素投入增长率的产出效益后的"余值"，是用来测算包含技术进步在内的一切广义制度因素对制造业增长影响的一个重要数值。

4.4.2　变量选取及数据来源

1. Y 的取值

选用《中国统计年鉴（1978～2008）》各年的工业增加值数据，并以 1978 年为基数，换算为可比价格。

2. K 的取值

从国内外学者对我国资本存量的关注度看，主要是运用永续盘存法测算我国全社会资本总量，而对制造业分行业资本存量的计量研究较少。黄勇峰等（2002）在中国制造业资本存量测算上严格按照永续盘存法资产寿命的要求，构建了投资序列，估算出建筑和设备各自的经济折旧率。张军、吴桂英和张吉鹏（2004）的研究也对我国资本存量进行了估算。为方便起见，在我们的分析中，直接采用了孙辉、支大林和李宏瑾（2010）对 1978~2008 年我国资本存量的估算结果。

3. L 的取值

选用中国统计年鉴（1978~2008）各年各地区的第二产业从业人数。由于 1985 年前各地区的从业人数没有分行业统计，故假设各地区二产从业人员比重占全部从业人员比重与全国平均水平一致，估算 1978~1985 年各地区第二产业从业人员数。

4. SK（资本产出弹性）和 SL（劳动产出弹性）的取值

在完全竞争的假设条件下，S_K 和 S_L 分别等于资本收入和劳动收入在工业增加值中所占有的份额。鉴于 S_K 的取值国内没有直接的统计数据，这里主要借鉴魏后凯等（2008）利用永续盘存法测算的各地区资本产出弹性系数。2005 年前的数据引用了其计算的初始资本存量、2000 年前的价格指数和资本形成指数来自张军、吴桂英和张吉鹏（2004）的研究结果，但对部分地区数据进行了调整，2001 年后的固定资本形成总额和价格指数来自《中国统计年鉴》。2005 年的数据作者按照同样的计算方法进行了计算。S_L 的计算方法为用各地区全行业平均工资乘以第二产业从业人员数，近似得出第二产业劳动收入，然后求得第二产业劳动收入在工业增加值中所占有的份额，即为该地区的 S_L 取值。

4.5　制度对制造业发展的影响程度测度

4.5.1　制度对制造业发展影响的时序变化

依照索洛余值法，作者对改革开放以来制度因素对制造业发展的影响程度进行了时序测度，结果如图 4－10 所示。总体而言，制度因素的影响具有以下三个重要特点：（1）制度因素的影响有正负之分。依据索洛余值的计算方法，广义的制度变迁包含技术进步和正式制度的改革。根据常识判断，我国技术进步过程持续为正，而索洛余值结果有正有负，则说明制度变迁的影响有正有负。即当改革利于制造业经济发展时，其影响结果为正，但当改革方向不利于经济建设、未能促进行业发展时，其结果可能为负。（2）制度因素的影响较为重要，但也存在一定的阈值范围。由结果判断，除去资本和劳动力的影响外，从全国平均水平来看制度对制造业

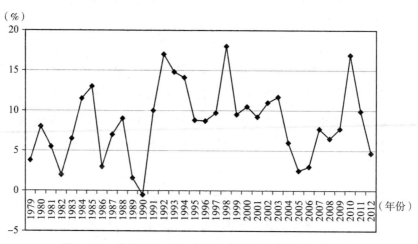

图 4－10　我国制度变迁对制造业发展影响的时序变迁图

资料来源：本书作者绘制。

经济增长的贡献率介于 -1% ~18%，尤其是在 20 世纪 90 年代的诸多年份，其贡献率均高于 10%，起到了较为重要的影响作用。（3）制度变迁的影响存在一定的时滞性。由于制度从开始实施到产生效果需要一定的时间，因此制度变迁的影响存在滞后趋势，通常其滞后区间为 0.5~2 年。

根据图 4-10 的测算结果，可以将我国制度变迁对制造业发展影响的过程划分为三个阶段：第一阶段（1978~1990 年），这一阶段以十一届三中全会为起点，会议通过了《中共中央关于经济体制改革的决定》，提出进一步贯彻执行"对内搞活、对外开放"的方针，明确提出社会主义经济是在公有制基础上的"有计划的商品经济"，改变了过去"以计划为主，市场调节为辅"的提法，强调运用价格、税收、信贷等经济杠杆对国民经济进行调节。试办经济特区、推行家庭联产承包责任制、推行有计划的商品经济体制、启动全民所有制改革等制度开始实行。这些都对制造业发展起到了推动作用，影响为正。但由于处于改革初期阶段，加之国有企业改革进展缓慢，因此这一时期制度变迁对制造业发展的贡献率始终在2% ~12% 之间徘徊，没有更大的突破。

第二阶段（1991~2002 年），这一时期我国改革开放历程进入了一个新的阶段，制度变迁的影响力达到 9% ~18%，并保持相对稳定。其中又以 1992 年和 1997 年影响最为强烈，这与这两个年份发生的重要事件高度相关。1992 年是中国经济体制改革历程上极为重要的一年。尽管连续三年的治理整顿使得经济过热现象明显缓解，通货膨胀得到控制，经济秩序迅速好转，社会趋于长足稳定，但是一些关于经济改革的深层次问题仍然没有得到解决，甚至有些人对改革的方向产生了怀疑。为此，邓小平同志于 1992 年 2 月视察武昌、深圳、珠海、上海等地，发表了著名的南方谈话，打破了社会主义与市场经济的对立，为深化经济体制改革和确立社会主义市场经济体制的目标奠定了坚实基础。同年 5 月，国家体改委、计委、财政部、中国人民银行、国务院生产办联合印发了《股份制企业试点办法》。并于 10 月在第十四次全国代表大会上，明确了我国经济体制改革目标是建立社会主义市场经济体制。由此以后，在建立市场经济的目标背景下，我国制造业经济发展取得了长足的进展。1996 年，我国顺利度过了 1993 年以来的经济过热态势，成功实现了经济的"软着陆"，国民经济发展出现了"高增长、低通胀"的良好局面，但由于受到东南亚金融危机的影响，经济增长速度和外资流入相对缓慢。1997 年，国家采取了扩张性的财政、货币政策，努力扩大国内需求，鼓励投资和消费，为经济平稳较快发展提供了良好的制度环境。这些制度变迁对制造业经济增长起到了重要影响。

第三阶段（2003 年至今），改革开放经过 25 年的发展，我国市场经济体制不断完善，市场化程度显著提高，政府和公共政策影响力相应下降并趋于稳定，多数年份制度变迁影响力在 2% ~ 8% 间徘徊。2008 年受全球金融危机影响，我国密集出台了一揽子经济刺激计划和抑制通货膨胀的政策措施，对制造业发展产生了深刻影响。一方面，明确提出实施"积极的财政政策和宽松的货币政策"是宏观经济层面的深刻转变，2008 ~ 2010 年中国政府投资 4 万亿元人民币促进经济平稳增长，抵御全球经济危机带来的不利影响。通过有效拉动内需，这一政策对中国经济发展模式从"出口型"向"内需型"转变产生深远影响。另一方面，为了推进产业结构调整和优化升级，针对钢铁、汽车、船舶、石化、轻纺、轻工、有色金属、装备制造、电子信息以及物流这十个战略性产业和国民经济支柱产业，制定了调整和振兴规划，从保增长、促升级等多个方面对产业发展给予有力的政策指引和支撑。金融危机时期系列政策的出台对经济发展产生了深远影响，由于制度变迁滞后区间为 0.5 ~ 2 年，2010 年制度变迁的影响力达到 15% 以上。

4.5.2 制度对制造业发展影响的地区差异

利用索洛余值法，根据数据的可获得性，作者对 1980 年、1985 年、1990 年、1995 年、2000 年、2005 年、2010 年和 2012 年我国 28 个省区市（除西藏、海南、台湾、香港及澳门外）的制度影响程度进行了测度，以获得其影响程度的地区差异情况（见图 4 – 11）。

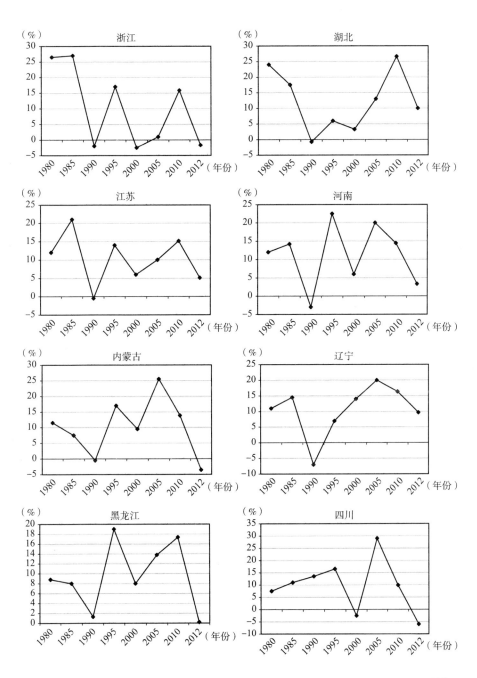

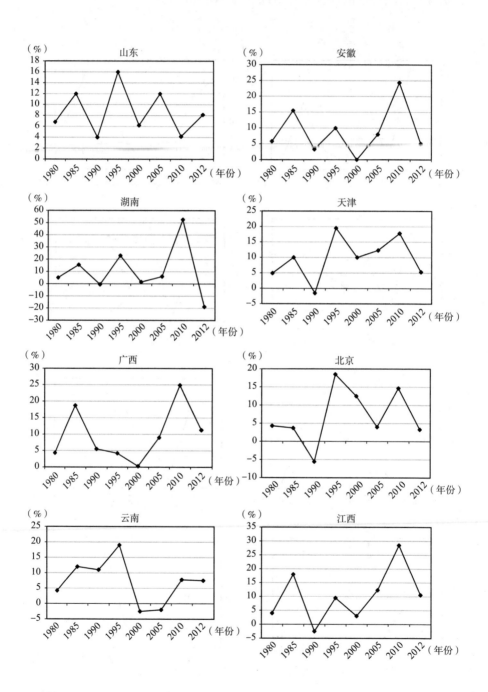

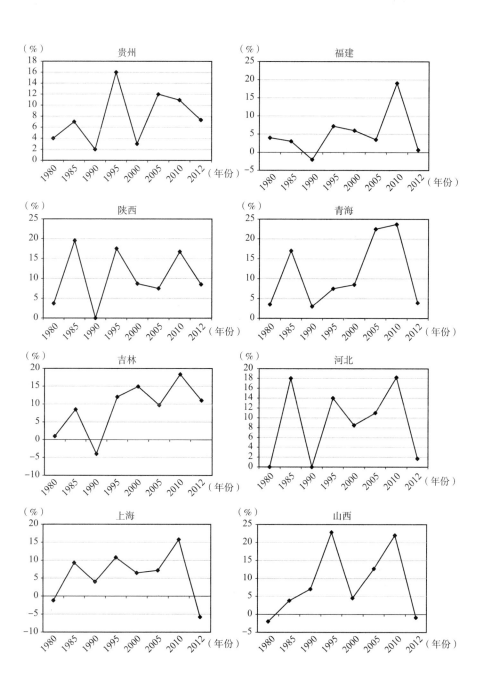

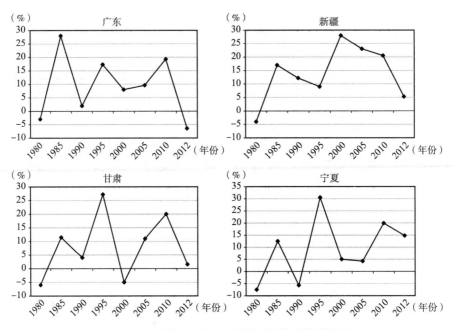

图 4 - 11　我国 28 个省区制度对制造业发展影响
程度时序变化情况（1985～2012 年）

资料来源：本书作者计算而得。

图 4 - 11 的结果分析显示：1980 年，各省区间制度影响程度差异最
大，影响程度最高的浙江（0.266）比最低的宁夏（- 0.072）高出了
0.338。影响程度较高的地区集中在东部沿海（如浙江、江苏等），影响
程度较低的地区主要为中西部地区（如宁夏、甘肃、新疆等）。这与这一
时期实行不平衡的区域发展政策，侧重沿海地区开发高度相关。1985 年，
省区间差异程度相对减弱，影响程度最高的福建比最低的山西高 0.269。
制度变迁影响程度较高的地区仍然集中在东部沿海，排名前四位的省份分
别为福建、广东、浙江和江苏。西部地区，如贵州、内蒙古等仍排位
靠后。

　　1990 年及 1995 年，随着沿海地区市场化程度的不断提高，省区间差
异情况有了较为明显的改观。虽然影响程度最高地区和最低地区之间的差

距没有明显缩小，但制度变迁影响程度较高地区和较低地区间发生了一定程度的置换。

至 2005 年，我国制度影响程度最高的省份均集中在西部地区，排名前四位的省份分别是四川（0.282）、内蒙古（0.253）、新疆（0.231）和青海（0.220）。影响程度较低的省份主要分布于沿海地区，如北京、福建、浙江等。出现这种变化的原因有二：一是 2000 年西部大开发的实施、2003 年东北老工业基地振兴等区域平衡政策的推进，提升了中西部地区制度变迁影响能力，加之这些地区原有工业资本和劳动力积累相对较弱，因此制度变迁的影响力提升较快；二是沿海地区经历多年发展后，市场影响程度不断提高，制度影响力相对减弱。在这两个因素的共同作用下，制度影响力呈现了西强东弱的特征。

作者通过索洛余值对制度变迁的影响程度进行了测度，并结合影响国民经济发展以及影响经济制度变迁的重大事件或重大政策进行了深入论证。但值得注意的是，任何分析都是建立在对现实正确理解的基础上的，制度是复杂的、综合的、多变的，仅仅依靠一个模型、几个变量的测量，并无法准确地总结出制度的影响程度和影响机理。这里我们用基本的计量方法测度制度因素对制造业空间变化影响的程度，存在着一定的不足，但这在目前缺乏更为全面和合理的制度变量的前提下也不失为一个大胆的尝试。虽然这个测度方法确实还存在很大的改善空间，但实证结果表明，制度进步与我国制造业经济增长和空间变化紧密联系，这也在一定程度上证明了这种做法是可取的。

第 5 章

对外开放政策对制造业
空间变化的影响

5.1 我国对外开放政策的时空推进及主要内容

5.1.1 我国对外开放进程

十一届三中全会确定了实行对外开放、对内搞活经济的重大战略方针。自此后，我国对外开放进程不断加快，由点到面，由浅入深，从南到北，从东到西，逐渐形成了以经济特区和沿海开放城市为重点的全方位、多渠道、多层次的开放格局。这一过程可分为两个重要阶段（陆大道等，2003）：

第一阶段（1979～1991 年），以沿海地区为重点加强对外开放。实行对外开放的主要措施包括：（1）对广东、福建两省实行特殊政策、灵活措施。如财政、外汇定额包干，扩大地方权限，试办经济特区等。（2）设立经济特区。1980 年率先设立了深圳经济特区，随后又相继设立了珠海、汕头、厦门经济特区。在特区内实行特殊的经济政策和管理体制。（3）开放沿海港口城市。1984 年 5 月，国务院正式决定开放大连、秦皇岛、天津、烟台、青岛、连云港、南通、上海、宁波、温州、福州、广州、湛江和北海等 14 个沿海港口城市。扩大地方政府对外经济活动的自主权，并创办经济技术开发区，为吸引外资提供优惠条件。1984 ~ 1988 年，我国进一步设立了大连、秦皇岛、天津、烟台、青岛、连云港、南通、宁波、福州、广州、湛江、上海虹桥、闵行、漕河泾等 14 个经济技术开发区，实行类似经济特区的政策。（4）开辟沿海经济开放区。1985 年后，长三角、珠三角、闽南厦漳泉三角地带、山东半岛、辽东半岛先后被划为经济开放区。到 1988 年，沿海各省市滨海地带的县市几乎都已经开辟为经济开放区。距离海岸较远的南京、济南、沈阳等重要城市也被列入沿海开放区内。1988 年海南建省后，被批准为经济特区。1990 年，中央同意上海市加速浦东地区开发，为开放浦东宣布十项优惠政策，使浦东成为在长三角地区开设的一个重要特区。

　　第二阶段（1992 年至今），以促进地区协调发展为主要方向的全方位对外开放。1992 年邓小平同志南方谈话后，在进一步巩固沿海地区对外开放成果的基础上，逐步加快了中西部地区对外开放的步伐，开放政策逐步向内地推进，开放城市、经济开放区和各类开发区开始向内地延伸。包括：（1）扩大开放区的范围。1992 年 8 月，国务院批准广东韶关、河源、梅州列入沿海经济开放区。1993 年 1 月和 3 月，又分别批准福建三明、南平、龙岩、福安、福鼎等 5 市、县，以及辽宁营口和山东东营市区列入沿海经济开放区；同时，为加快三峡地区经济开发，1994 年 8 月批准建立三峡经济开放区。国家对这些地区给予沿海经济开放区的相关政策。（2）开放沿边口岸城市。为了发展同周边国家的经济合作，发展内地经济，1992 年 3 月，国务院批准开放黑河、绥芬河、满洲里和珲春市；6 月，批准开放伊宁、塔城、博乐三市，同时决定开放广西的凭祥市、东兴镇，云南的畹町、瑞丽市和河口县；7 月，决定开放内蒙古二连浩特市。在项目审批、税收、财政等方面给予这些城市特殊的优惠政策。（3）开放沿江和内陆省会省市。1992年6月，国务院进一步开放了重庆、岳阳、武汉、九江、芜湖等5个长江沿岸城市，哈尔滨、长春、呼和浩特、石家庄等四个边境、沿海地区省会（首府）城市，以及太原、合肥、南昌、郑州、长沙、成都、贵阳、西安、兰州、西宁、银川等11个内陆地区省会（首府）城市；1993年2月和1994年8月，国务院决定进一步开放黄石、宜昌、万县、涪陵等长江沿岸城市。这些城市均实行沿海开放城市的政策，并允许其在具备条件后兴办一个经济技术开发区。（4）增设国家级经济技术开发区、出口加工区和保税区。截至2014年年底，经国务院批准的国家级经济技术开发区已经达到了202个，并广泛分布于东、中、西部（见表5-1）。最早在1990年，国务院在上海外高桥设立了第一个保税区，1991年增设天津港、深圳福田、沙头角等11个保税区。目前，已建成保税区达到15个，全部分布在沿海地区。此外，为促进加工贸易发展，鼓励扩大外贸出口。2000年4月，国务院选择辽宁大连、天津、北京天竺、山东烟台、威海、江苏昆山等15个地区设立由海关监管的出口加工区。近年来，国家进一步将出口加工区设在已建成的开发区内，并选择若干地区进行试点。首批批准进行试点的已有60个出口加工区。（5）鼓励外商到中西部地区投资等。1998年国务院决定鼓励东部地区外商投资企业到中西部地区投资，外商投资比例超过25%的项目，同外商投资企业享受同样待遇。后又决定从2000年起，对设在中西部地区鼓励类外商投资企业，在现行税收优惠政策执行期满后的3年内，可以减按15%税率征收企业所得税，同期，国家又发布《中西部地区外商投资优势产业目录》，列出了中西部各省（区、市）的优势产业，鼓励外商进行投资。

表 5 - 1　经国务院批准成立的国家级经济技术开发区分布（2014 年）

地区	数量	比重	经济技术开发区
东部	91	45%	连云港、南通、昆山、南京、苏州、锡山、徐州、宜兴、浒墅关、吴中、常熟、相城、吴江、太仓港、张家港、闵行、上海虹桥、漕河泾、上海金桥、上海松江、上海化学工业、宁波、温州、杭州、萧山、宁波大榭、杭州余杭、富阳、宁波石化、慈溪、嘉兴、平湖、嘉善、湖州、长兴、绍兴袍江、福州、福清融侨、东山、厦门海沧、漳州、泉州、龙岩、泉州台商、漳州台商、东侨、湛江、广州、南沙、大亚湾、增城、珠海、烟台、青岛、威海、明水、胶州、东营、招远、日照、临沂、德州、聊城、滨州、邹平、潍坊滨海、威海临港、海南洋浦、大连、营口、沈阳、沈阳辉山、铁岭、旅顺、锦州、大连长兴岛、盘锦辽滨沿海、天津、东丽、西青、北辰、武清、子牙、北京、秦皇岛、石家庄、廊坊、沧州临港、邯郸、曹妃甸
中部	63	31.2%	太原、大同、晋中、晋城、芜湖、合肥、六安、滁州、淮南、安庆、马鞍山、宣城、宁国、铜陵、池州、桐城、长春、长春汽车、吉林、四平红嘴、松原、哈尔滨、利民、宾西、双鸭山、牡丹江、海林、绥化、大庆、南昌、南昌小蓝、萍乡、九江、龙南、瑞金、赣州、宜春、上饶、井冈山、郑州、洛阳、新乡、鹤壁、濮阳、开封、许昌、漯河、红旗渠、武汉、武汉临空港、十堰、襄阳、鄂州葛店、黄石、荆州、长沙、浏阳、望城、宁乡、岳阳、常德、娄底、湘潭
西部	48	23.8%	成都、德阳、绵阳、广元、内江、遂宁、广安、宜宾临港、重庆、万经、长寿、贵阳、遵义、昆明、崇明杨林、曲靖、蒙自、大理、西安、汉中、神府、陕西航空、陕西航天、兰州、金昌、天水、酒泉、张掖、西宁、格尔木昆仑、银川、石嘴山、南宁、广西－东盟、钦州港、中马钦州、呼和浩特、呼伦贝尔、巴彦淖尔、拉萨、乌鲁木齐、石河子、新疆奎屯－独山子、库尔勒、准东、五家渠、阿拉尔、甘泉堡、库车
合计	202	100	

资料来源：中国开发区网，www.cadz.org.cn.

5.1.2　我国对外开放主要内容

1980 年 6 月，邓小平同志首次将"对外开放"作为我国对外经济政策。他指出："我国在国际上实行开放的政策，加强国际往来，应特别注意吸收发达国家经验、技术，包括吸收国外资金，来帮助我们发展。"
1981 年 11 月召开的第五届人大四次会议上的政府工作报告中，进一步明
确了实行对外开放政策，加强国际经济技术交流，使我们坚定不移的方
针。1982 年 12 月，对外开放政策写入我国宪法，确立为基本国策。

我国的对外开放指在坚持社会主义制度和共产党领导地位的基础上，
在独立自主、平等互利的前提下，根据生产社会化、国际化和社会主义市
场经济发展的客观要求，利用国际分工的好处，积极发展与世界各国的经
济贸易往来，以及科学、技术、文化、教育等方面的交流与合作，以促进
社会主义物质文明的建设和发展。其基本含义是：要大力发展和不断加强
对外经济技术交流，积极参加国际交换和国际竞争，由封闭型经济转变为
开放型经济，以加速实现四个现代化建设事业。发展对外贸易、利用外国
资金、引进先进技术设备是对外开放政策的最主要内容：

1. 发展对外贸易是对外开放政策的最根本内容

发展对外贸易是利用外资和引进技术的物质基础，是对外开放政策的
最根本内容。我国出口收汇占国家外汇总收入的 80%，出口贸易的发展
直接决定着我国对外经济贸易发展的速度和规模，关乎国民经济建设全
局。1978 年前，我国的对外贸易在中央政府计划下进行，国家要直接安
排 90% 以上的进口货单并下达 3 000 种以上的出口商品收购计划。这些商
品被划分为指令性商品（贸易的价值和贸易量严格受控制）和指导性商
品（仅贸易的价值受控制）两类。改革开放后，为扩大出口发展生产，
主要进行了三方面改革：

（1）改革外贸管理体制，实现外贸经营主体多元化。大幅度减少了
国家组织统一联合经营商品、指定公司经营商品的数量，放开商品经营。
同时，实行政企分开，转变政府职能，完善对外贸易立法，将外贸管理由
行政直接干预向以经济手段、法律手段为主的宏观间接调控转变，并增强
外贸政策的统一性和透明度。至 1985 年，我国指令性商品和指导性商品
的种类已减少到各 100 种左右。到 1991 年，仅有 15% 的出口被指定公司

控制，其他几乎所有出口的管制都被解除。

（2）充分发挥汇率、关税、税收、信贷和价格等杠杆调节作用，从政策措施上鼓励扩大出口。从汇率改革上看，1979 年我国汇率水平为1.62 元人民币兑换 1 美元，人民币值被高估，难以调动企业出口积极性。80 年代末，随着贸易体制改革不断深化，人民币逐步贬值，并实行官方汇率与市场汇率并存的双重汇率制，以鼓励出口。至 1994 年，我国对汇率制度再次进行了重大改革，实行汇率并轨，建立起了以市场供求关系为基础的、单一的、有管理的浮动汇率制度，当年 1 月 1 日汇率为 8.7 元人民币兑换 1 美元。汇率政策的改革大大鼓励了出口增长。从税收改革上看，计划经济时期外贸出口按照国家计划进行，实行统负盈亏，税收对外贸进出口调节作用不大。实行对外开放后，对外贸易规模迅速扩大，国内价格逐步开放。此时，世界各国、各地区都对出口商品实行退税、免税，我国产品在国际市场竞争中处于不利地位。1984 年 10 月，我国开始明确规定对进口商品征税，出口商品退、免税，正确引导了进出口贸易的健康发展。从信贷改革上看，1994 年 7 月国家进出口银行正式成立，为资本货物出口提供信贷支持，开展出口信用保险和信贷担保业务，通过调整信贷规模、利率及贴现范围和水平，协调对外经济合作，为外贸发展创造良好条件。从价格改革上看，计划经济时期出口商品价格以国内同类商品国家规定价格为基础，1978 年后开始实行进出口代理作假，但并未普遍推开。随着价格改革的不断推进，目前市场调节价已成为我国进出口商品价格的主题。出口商品价格基本由买卖双方商定，进口商品 95% 为市场价格，仅有 5% 为国家定价。

（3）采取灵活贸易方式，大力发展加工贸易。1978 年 7 月国务院制定了《开展对外加工装配和中小型补偿贸易办法》，发展来料加工和补偿贸易迅速在广东、福建、上海等地开展。1979 年 9 月，国务院正式颁布了《发展对外加工装配和中小型补偿贸易办法》，使来料加工装配和补偿贸易作为利用外资、扩大出口的一种灵活方式，在更大范围内迅速得到了发展。1987 年，为进一步利用港澳扩大加工装配业务，我国进一步放宽政策、简化手续、下放权力。通过提高来料加工装配工缴费留成比例、延长免征工商税和所得税年限等政策进一步鼓励了加工贸易发展。

随着改革的不断深化，我国进出口规模不断扩大。1978 年我国进出口总额为 206.4 亿美元，至 2013 年达到 41 589.9 亿美元，增长速度远超过世界平均水平。出口成为了拉动我国经济增长的"三驾马车"之一，我国在国际贸易中的地位也不断提高。作为世界贸易大国的地位不断巩固。

2. 利用国外的资金和技术是对外开放的重要手段

我国的对外开放是从建立经济特区，以优惠政策引进外资开始的。1978 年之前，国家主要通过政府借款等方式从苏联及一些西方国家引进资金，购买技术设备并进行重大项目建设。1979 年 7 月全国人大颁布实施了首部引进外商直接投资的法规——《中华人民共和国中外合资经营企业法》，开始引进外国直接投资。1983 年 5 月国务院召开第一次全国利用外资工作会议，总结初步经验并进一步放宽引资政策，扩大探索和试点范围。同期，《中外合资经营企业所得税法》《涉外经济合同法》《中华人民共和国中外合作企业法》等一系列法律法规颁布，对于改善投资环境，吸引外国投资者起到了重要的推动作用。

回顾我国利用国外的资金和技术的发展历程，可以分为三个阶段：（1）20 世纪 80 年代初，我国吸引外资的整体规模较为有限，且主要来自港澳台地区。外资主要投向宾馆、旅游、餐饮等服务业和房地产行业，以及纺织服装、食品加工等轻工行业。这一时期的外资进入推动了沿海地区"三来一补"行业和加工贸易的发展，我国凭借资源禀赋和要素优势开始逐步融入国际分工体系。（2）1992 年邓小平同志南方谈话进一步鼓励了外资进入的积极性，此后我国外商直接投资的增长速度和规模都达到了空前的水平。这一时期外资主要投向了资本含量相对较高的劳动密集型产业，主要目的是充分利用包括劳动力在内的廉价资源，并凭借政府给予的优惠政策进行出口生产。外商向国内转移的技术也主要是适用性技术，没有核心技术环节的转移。尽管如此，这一时期外资大规模的进入推动了我国出口的快速增长，带动了对外开放迅速发展，更促进了中国分工和专业化水平的提高。（3）20 世纪 90 年代末期至今，我国已形成了良好的开放型经济环境，在技术水平、生产能力、产业配套、专业化能力等方面都具备了与跨国公司优势要素结合的基础，对外开放开始向纵深方向发展。进入 21 世纪以来，跨国公司开始采取独资企业或外方控股的投资形式，深入资本技术密集型、产业联系广泛的行业，如汽车、石化、电子通信等。将对华投资纳入跨国公司的全球供应链分工体系，使我国制造业迈入了一个新的层次。

在这短短的 30 余年中，我国制造业发展已经形成了较为完整的产业体系，吸引了越来越多的外商到国内投资。数据显示，1979～2013 年，全国累计批准外商投资企业已达 786 051 家，实际利用外资金额 13 936.94 亿美元。外商投资企业在扩大出口、增加税收、吸纳就业等方面扮演了重要角色。

5.1.3　对外开放指数测度方法

一个地区对外开放程度（openness）是指该地区参与国际经济活动的程度。地理学界目前对于对外开放内容的探讨多集中于对外商直接投资（FDI）、出口水平等的刻画。关于对外开放指数的测度并没有过多的研究。被普遍采用的经济学界关于对外开放程度的测量，通常有以下几种：（1）用体现对外开放结果的单一指标衡量对外开放程度，如贸易依存度、对外投资比率等（金煜等，2006）；（2）用体现经济体制和贸易政策开放情况的指标代表对外开放程度，如国内市场相对于国际市场的价格扭曲程度（Dollars，1992）、外汇的黑市交易费用、平均关税率和非关税壁垒覆盖率等；（3）构建综合指标体系从资本、劳动力、技术、金融等多层面综合衡量对外开放程度。如徐朝晖、赵伟（2005）从市场开放性、国际旅游、要素依存性和信息流动性等四类共 9 个指标进行加权；康继军

（2009）从对外贸易开放度、对外金融开放度和对外投资开放度三个方面，利用 8 项指标构建了我国对外开放程度指数模型等。

一个区域经济的对外开放主要包括资本开放和贸易开放两个主要内容。本章在综合借鉴现有研究成果的基础上，将贸易开放度和资本开放度作为两个基本方面，基于数据的可获得性，构建如下指标体系（见图 5 - 1），并对全国及各省区的对外开放程度进行衡量。

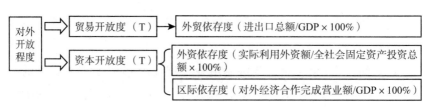

图 5 - 1　对外开放指数测度指标体系

资料来源：本书作者绘制。

首先，考虑原始指标量纲不同，为消除量纲影响将各指标原始数据进行 0 - 1 标准化处理，标准化计算公式为：

$$X = \frac{\chi_i - \chi_{min}}{\chi_{max} - \chi_{min}} \tag{5.1}$$

其中，X 为标准化后的数值，χ_i 为指标 i 的原始数据，χ_{max} 和 χ_{min} 分别为指标 i 的最大值和最小值。选取 1993 ~ 2007 年 28 个省市的面板数据作为样本。在对原始数据进行标准化后，对三个指标进行主成分分析，将第一主成分的因子系数作为权数，处理为权重形式。由于主成分因子会随着样本个数和数据的变化而变化，因此为消除各地区各年份数据的波动带来的不稳定性以及部分数据缺失的影响，这里将各指标的平均数作为权重确定的原始基本数据。最后采用加权算术平均法计算出每个地区或某个时段的对外开放指数。同时，为了增强各地区间对外开放水平的可比性，计算各地区对外开放指数与全国均值的比率，以体现各地区对外开放的相对水平。

5.1.4　对外开放程度的时空分异

依据 5.1.3 中所述的对外开放程度测算方法，本节对我国实行全方位对外开放政策以来，即 1992 年至今全国的资本开放程度、贸易开放程度和对外开放水平进行了测度（见图 5 - 2、图 5 - 3 和图 5 - 4）。图中的点代表均值，线条代表地区间差异。

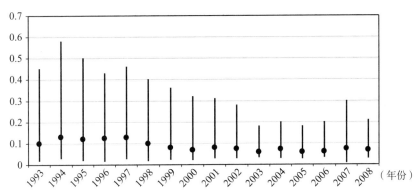

图 5 - 2　我国资本开放程度与省区间差异变化情况（1993～2008 年）

资料来源：本书作者计算而得。

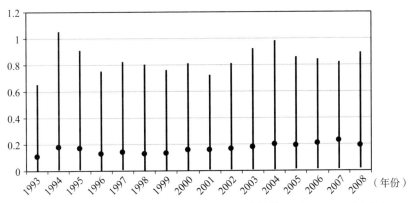

图 5 - 3　我国贸易开放程度与省区间差异变化情况（1993～2008 年）

资料来源：本书作者计算而得。

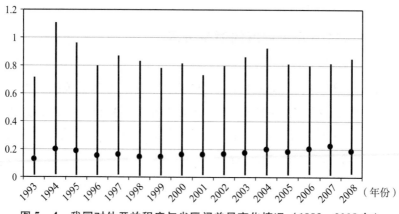

图 5 - 4　我国对外开放程度与省区间差异变化情况（1993～2008 年）

资料来源：本书作者计算而得。

　　我国资本开放、贸易开放和对外开放程度经历了不同程度的变化。（1）资本开放：省际间资本开放差异呈现不断减小态势，外商直接投资在各省区间分布逐渐由原来的集中在几个沿海省区，向在全国东、中、西部广泛分布发展。同时，资本开放程度与国际经济情况息息相关，呈现了一定的波动状态。如 2008 年金融危机爆发，据联合国贸发会议初步统计，当年全球外商直接投资比上年下降了 21%，跌至 1.45 万亿美元，流入发展中国家的外国直接投资为 5 177 亿美元，增长 3.6%，增长率远低于 2007 年。这一情况导致中国实际利用外资金额虽然实现了一定程度的增长，但最后一个季度，新增项目数和合同外资金额与上年同期相比出现了明显的降幅，影响了当年资本开放程度，较上年下降了 0.05。（2）贸易开放：15 年间，各省区的贸易开放差异变化经历了"M"形演进，即先升后降，而后再升，最后趋于下降。（3）对外开放程度：在资本开放与贸易开放指标的双重影响下，对外开放指数呈现了波动状态。地区间对外开放水平差异没有太大变化，但值得注意的是全国整体对外开放水平在小幅波动中呈现了稳步上升的状态，从 1993 年的 0.15 增加到了 2008 年的 0.21。

　　同时，由于我国对外开放推进的空间分布和重点内容在不同时段存在差异，导致各省区间相对对外开放水平不同。基于对我国各省区的对外开放相对水平进行的测度，综合评价得出：1993～2015 年间，在以全国对外开放平均水平为基数 1 的情况下，沿海地区对外开放平均水平为 2.17，内陆地区对外开放平均水平为 0.40。随着对外开放政策不断实施和全面推进，全国各省区间的对外开放水平均有所提升。广东、福建、上海、天津对外开放相对水平均高于 2.0，位于全国前列；北京、辽宁、江苏、浙江、山东等沿海地区的对外开放相对指数位于 1.0 和 2.0 之间，开放程度也相对较高。中西部多数地区对外开放程度仍相对较低。40 年来我国对外开放的时空格局的演变，对制造业空间分布情况产生了极为重要的影响。

5.2　对外开放政策影响下的制造业空间表现

5.2.1　基于省际层面的地域表现

改革开放以来，我国省级尺度的制造业空间分布出现了较为明显的变化。计算不同时段各省区市制造业产值占全国制造业总产值比重变化情况，可以直观地得出改革开放初期和当前制造业空间分布状况的差异情况。改革开放初期，我国制造业空间地图呈现出"遍地开花"的分散化特征。1987 年，我国 8 个省市的制造业比重超过 5%，近一半省市的制造业比重超过了 3%。且东、中、西部地区均有制造业比重大于 5% 的省区，如中部的湖北省和西部的四川省；也均有制造业比重低于 3% 的省区，如东部的福建省。同时，各省区市制造业所占全国的比重相对差异较小，除江苏省和上海市比重分别达到 11% 和 9% 以外，其余制造业份额大于 5% 的省区，也均处于 5%～7% 之间。而对于比重处于 3%～5% 之间的省区，其制造业份额均处于 3.0%～3.8% 之间。相对差异较小。这种

"遍地开花"的分布模式明显具有计划经济时期空间分散布局的特点。虽然这一时期，随着改革开放政策的不断深入，经济发展的重心已经逐步转向沿海，但是由于计划经济体制在制造业生产和空间布局过程中仍然发挥着举足轻重的作用，因此仍难以摆脱传统计划经济时期所留下的痕迹。这一情况一直持续到1992年邓小平同志南方谈话，我国社会主义市场经济体制改革目标确立，对外开放全方位大幅度推进之后，才逐渐发生转变。

至2013年，我国制造业比重在5%以上的省份个数由1987年的8个下降到了6个，全部分布于长江三角洲、珠江三角洲、环渤海地区等对外开放程度较高的地区。这6个省份的制造业占全国份额之和高达58.19%，前三个省（广东省、江苏省和山东省）份额达40.14%，较1987年的28.0%提高了12个百分点。同时，制造业占全国份额低于1%的省份个数由1987年的5个上升到了9个，且全部分布与西部地区。制造业空间分布呈现了向沿海集聚的态势。沿海与内地间差异总体上呈现了不断扩大的态势（见图5-5）。

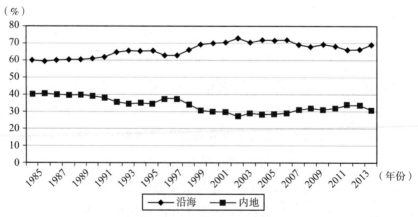

图5-5　沿海与内地地区制造业工业总产值比重差异（1987~2013）

资料来源：根据历年《中国工业经济统计年鉴》计算。

5.2.2　基于行业层面的产业表现

对外开放政策对于制造业空间分布的影响不仅体现在省级层面的空间分布，还表现为对不同制造业行业在不同地区分布集中度发生变化。根据对 1990 年、1997 年和 2008 年我国 28 个主要制造业行业基尼系数变化情况的测算，结合各行业产值变动的判断，可将我国制造业行业空间变化划分为三个历程：（1）1987～1991 年。这一时期各制造业主要行业均高度分散，呈现"遍地开花"的分散局面。同时，各行业之间集聚程度差距不明显。（2）1992～1998 年，两极分化开始显现。仪器仪表及文化办公机械制造业、电子及通信设备制造业、电气机械及器材制造业等行业的分散程度开始收敛，并不断向集聚分布转变。但食品业、造纸及纸制品业等高度分散行业的集聚程度却没有发生太大变化。（3）1998～2011 年，部分行业集中度显著提升。至 2011 年，28 个行业中在省区间分布为高度集中型的行业有 4 个，比较集中和相对集中的行业合计 8 个，且集中度不断得到加强。其中仪器仪表及文化办公机械制造业、电子及通信设备制造业等行业的基尼系数都有显著提高。

综上所述，改革开放以来，制造业空间总体分布呈现了向东部沿海集中的态势，地区间差异不断扩大。同时，制造业多数行业空间集中度不断提高。在这一进程中，对外开放政策的不断推进发挥了较为深刻的作用。其对制造业空间变化的影响因子包含资本开放和贸易开放两个关键部分。下文就从这两个方面分别深入分析其内在作用机理。

5.3　资本开放对制造业空间变化影响的机理

资本开放既包括对外资本的开放，又包括对内资本的开放；即应考虑到国内与国外之间的资本流向，又不应忽视地区之间资本流动，以及国家与地方之间的资本投资。总体而言，对我国制造业空间变化产生重要影响的资本开放进程主要有二：一方面，改革开放初期国家"东倾"的投资政策以及地区间经济合作规模的不断扩大，推动了沿海地区经济环境的建立。改革开放初期，为促进国民经济的高速增长，提高宏观经济效益，国家采取了优先支持区位和经济条件较好的沿海地区经济发展的"东倾政策"。在全国基本建设投资分配中，"六五"时期沿海地区所占比重由"五五"时期的42.2%提高到47.7%。同时，全社会固定资产投资的分布也从"七五"时期开始迅速向沿海地区倾斜（见图5-6）。这在很大程度上促进了沿海地区经济社会的发展。另一方面，20世纪80年代以来中国吸引国际资本，特别是外商直接投资的数量和规模呈加速增长的态势，从更深刻的意义上促进了沿海地区的制造业集聚。

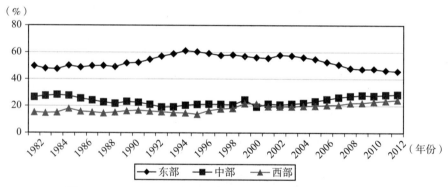

图5-6 1982~2013年三大地带全社会固定资产投资的分布

资料来源：参考《中国区域发展的理论与实践》。根据国家统计局《中国统计年鉴》和《新中国五十年统计资料汇编》中有关资料计算。

二者之中，国内资本投入的在一定程度上为东部沿海地区的发展提供了较好的基础环境建设，而国际资本的大量进入沿海地区，是改革开放以来最重导致地区间不平衡发展的最根本原因。由此，本部分主要侧重于对我国利用外商投资发展地方经济的分析。

5.3.1　我国利用外商投资的总体情况

20 世纪 70 年代时，我国基本上没有任何外商投资进入。时至今日，中国已经成为吸引外商直接投资（FDI）最多的发展中国家，成为全球仅次于美国的，吸引外商直接投资的第二大国。截至 2013 年，我国累计批准设立外商投资企业 445 962 家，其中制造业企业 166 195 家，实际利用外资金额 13 895.9 亿美元。在 2013 年实际利用外资金额中，制造业占 38.74%。东、中、西部地区实际利用外资分别占全国的 83.48%、8.77%、7.75%。世界 500 强跨国公司中已经有 480 多家已经来华投资或设立机构，跨国公司以各种形式设立的研发中心超过 1 000 家。2013 年当年实际利用外资金额达到 1 175.86 亿美元，外资企业（包括港澳台）从业人员达 2 963 万人。

由图 5 - 7 所示，1985 ~ 2013 年间 FDI 的绝对数额在大多数年份稳步增长，虽然受亚洲金融危机的影响，在 1999 年 FDI 流入略有回落，但从 2000 年开始又恢复了增长的态势。至 2013 年我国吸收的 FDI 已经达到 1995 年的 3 倍。近年来，FDI 投资的项目数增长缓慢，这也在一定程度上说明单项目投资能力不断增强。同时，FDI 投资项目所吸引的从业人数保持了较好的增长态势。

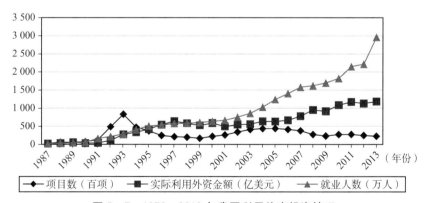

图 5 - 7　1978 ~ 2013 年我国利用外商投资情况

资料来源：历年《中国统计年鉴》。

但值得注意的是，近年来我国利用外商直接投资在持续保持较大增长规模的同时，其增长的速度却已经明显低于国内固定资产投资总额的增长速度。20 世纪 90 年代，中国实际利用外资迅速增长，外商直接投资占国内全社会固定资产投资比重逐年上升，1994 年达到 17.08% 的最高水平。整个 90 年代平均为 12.96%，远高于同期发展中国家 7.2% 的平均水平。进入 21 世纪后，虽然全球外商直接投资继续保持较大的增长规模，但这一时期我国实际利用外商投资增长速度呈下降的态势。2001 年外商直接投资占我国全社会固定资产投资的比重为 10.33%，而后逐年下降，到 2004 年降至 7.05%，这个比例远低于同年发展中国家 FDI 与东道国国内投资之比 10.5% 的平均水平和中东欧国家 19.1% 的平均水平。至 2008 年，外商直接投资在国内固定资产投资总额中的比重仅为 3.6%。至 2013 年，外商直接投资在国内固定资产投资总额中的比重为 1.63%。这也在一定程度上说明从资本的角度看，我国国内资本投入供给能力不断提升，利用外资程度及其影响已经进入了一个新的阶段。

5.3.2 外商直接投资的影响机理

1. 外商直接投资的地域差异

1978 年以来，随着中国经济的全方位对外开放以及向市场经济体制的逐步转轨，FDI 在我国已经具有相当的规模。然而由于不同地理区位地区的对外开放程度、经济发展水平、市场容量、基础设施、基础设施、信息成本、政府优惠政策等因素存在差异，影响了外商投资区位的选择。中国的对外开放率先从东部沿海地区开始，致使沿海地区在区位条件、基础设施和经济技术基础等方面要优于中西部地区，从而导致了 FDI 在我国各地区间分布极不均衡，区域差异明显，呈现了"东高西低"的基本格局。实施西部大开发、中部崛起、东北老工业基地振兴等战略后，在政策的支持下，外商在中西部地区的比重略有上升。但综合来看，2003 年以来，外商在华投资进一步呈现了向广东、江苏、福建、上海、北京、山东等东部地区集中的趋势，东、中、西部地区实际利用 FDI 不平衡的趋势进一步扩大（见表 5 - 2）。FDI 在地域空间上分布的高度不平衡性，给各地区资本形成、技术进步、经济增长和对外贸易产生了不同程度的影响，同时也使得所投资的工业行业在省区市间也呈现了不平衡分布。

表 5 - 2　　　　　　1995～2006 年中国实际利用 FDI 区域分布状况　　　　单位：%

年份	东部	中部	西部
1995	87.71	9.21	3.08
1996	88.04	9.52	2.45
1997	85.88	10.66	3.46
1998	87.21	9.76	3.03
1999	87.77	9.38	2.85
2000	87.80	9.17	3.03
2001	87.84	9.08	3.09
2002	87.43	9.88	2.69
2003	86.52	11.18	2.30
2004	86.57	11.60	1.83
2005	89.41	8.44	2.16
2006	91.02	6.47	2.51

注：《中国统计年鉴》中各地区实际利用外资额仅统计至 2006 年，因此分析数据截至 2006 年。
资料来源：根据历年《中国统计年鉴》计算而得。

2. 外商直接投资的行业差异

20 世纪 90 年代以来，外商投资在中国主要集中于第二产业，投资比重达到 65.4%，其中对制造业投资高达 56.2%。在制造业中，外商直接投资的行业分布也具有一定的分异性。改革开放初期，我国允许外商投资的主要工业部门有：能源开发、建筑材料工业、化学工业、冶金工业、机械制造、仪器仪表工业、电子计算机、通信设备制造业、轻纺工业、食品医药业、农牧养殖业、旅游业等。90 年代以来，我国逐步调整了外商投资部门结构，并与 1995 年 6 月公布了《指导外商投资方向暂行规定》，将外商投资分为：鼓励项目（18 个）、限制类（27 个）和禁止类（13 个）。之后《外商投资产业指导目录》几次修订，对外资流入行业发挥了引导和限制的作用。

外商直接投资具有较强的行业倾向性。在我国 28 个制造业行业中，外商直接投资的行业主要集中在电子及通信设备制造业、仪器仪表及文化办公用机械制造业、文教体育用品制造业等领域（见表 5 - 3）。2005 年外资在电子及通信设备制造业、文教体育用品制造业、家具制造业和皮革、皮毛、羽绒及其制品业这四个行业中的资产，已经超过全行业资产的 1/2。而受厂商追逐低成本、高回报这一经营目标的以及控制技术外流风险的影响，同时碍于我国有关法规政策对外商直接投资行业流向的限制，矿产、能源开采加工和供应、金属冶炼及初加工、化学原料等行业的外商投资程度相对较低。

表 5 - 3　　　　　　　各行业外资工业增加值所占的比重　　　　　　单位：%

行业	1993 年	1995 年	1997 年	2000 年	2005 年	2008 年	2011 年
农副食品加工业	7.4	20.6	19	20.7	28.2	26.8	20.4
食品制造业	13.9	32.4	35.5	42	39.5	36.8	32.8
饮料制造业	13.1	21.2	24.4	27.9	34.7	35.7	30.1
烟草制品业	0.5	0.6	0.6	0.5	0.2	0.1	0.1
纺织业	11.3	20.3	18	20.7	25.8	22.8	21
纺织服装、鞋、帽制造业	30.6	50	43.7	48.8	47.4	42.2	35.8
皮革、毛皮、羽毛（绒）及其制品业	29.7	51.2	47.3	54.6	53.5	47.5	43.9
木材加工及木、竹、藤、棕、草制品业	17.3	24.6	23.2	28	22.3	15.1	10.6
家具制造业	15.2	27.8	24.3	43.9	54.6	40	29.4

续表

行业	1993 年	1995 年	1997 年	2000 年	2005 年	2008 年	2011 年
造纸及纸制品业	11.5	15.9	17.9	28.8	33.1	33.6	28.3
印刷业和记录媒介的复制	7	16.5	17.3	29.4	32.3	28	23.4
文教体育用品制造业	28	40.6	42.1	59.5	61.5	56.8	51.4
石油加工、炼焦及核燃料加工业	0.9	0.7	3.1	5.7	12	13.4	12.4
化学原料及化学制品制造业	7.8	13.6	14.9	21.5	27.4	26.8	26.2
医药制造业	13.4	25.6	24.7	24.6	25.8	27.1	24.8
化学纤维制造业	8.4	10	15.8	39.3	27.8	30.8	29.3
橡胶制品业	11.4	23.3	20.1	35.6	40.5	38.8	29
塑料制品业	20.3	31.1	31.6	44.3	43.6	36.9	29.4
非金属矿物制品业	3.8	11.7	10.7	17.3	18.4	17	13.1
黑色金属冶炼及压延加工业	1.3	4.7	2.9	4.7	10.1	14.4	12.8
有色金属冶炼及压延加工业	4.2	10.1	9.9	11.2	13.8	15.9	13.5
金属制品业	8.6	23.6	22.9	34.8	35.3	30.9	24.4
通用设备制造业	5.9	14.4	13.7	22.2	28.1	25.5	22.5
专用设备制造业	5	10	10.4	14.9	25.3	27	23.2
交通运输设备制造业	11.3	23	23.9	30.8	45.1	44.8	44
电气机械及器材制造业	9.2	23.1	23.3	34.2	38	35.3	30
通信设备、计算机及其他电子设备制造业	34.6	58.8	61.3	65.4	79.6	81.3	76.1
仪器仪表及文化、办公用品制造业	23.9	36.9	39.4	49.4	59.4	57.3	46

资料来源：根据历年《中国工业经济统计年鉴》计算而得。

　　同时，我国对外开放的不均衡区域发展政策要求沿海省份发展一些具有高附加值的生活消费品工业，提高传统工业的技术含量，将能耗高的产业转移到工业不发达的省份；内陆省份着重发展能源、原材料和一些转型产业。这也直接导致或间接影响了行业投资和生产地域的偏向，加剧了不同行业在地区之间发展的差异。如服装及其他纤维制品制造业等高附加值的行业主要分布在沿海经济发达省区，黑色金属冶炼及压延加工业、有色金属冶炼及压延加工业等原材料工业主要集中在西部省份。

值得注意的是，外商投资较为集中的行业的基尼系数也都比较大，尤其是1990年以后，它们在省区间分布的集中趋势非常明显，外商直接投资的行业差异促进或加剧了相应行业空间分布的集中性。

3. 外商直接投资的影响途径

外商直接投资对制造业空间分布的影响途径主要包括资本循环累积效应和技术溢出效应的两个方面。首先，从资本方面来看，国际资本流动对东道国不同地区的选择和产业的选择均具有明显的"马太效应"。即一个国家或地区中越是发达的地区，越是具有国际竞争力的产业，就越能吸引外国资本的流入；反之，越是落后的地区和产业，越难以吸引投资。而本底条件较好的地区或产业，优先吸引了大部分外商直接投资，通过增加资本、扩大出口和创造就业等多个途径，相应得到较快发展。又由于这些地区或产业增长速度较快，从而利于扩大市场容量、改善外部条件，产生集聚经济，从而进一步吸引外商直接投资的进入。这样，外商直接投资和地区及产业增长之间就形成了循环累积的因果效应，也由此导致了地区间和行业间差距的不断扩大。

外商投资的意义并不仅限于资本累积产生的效应，同时所带来的技术基础效应也值得关注。由于跨国公司作为国际直接投资最主要的实施者和微观主体，既是世界先进技术的主要生产者和拥有者，又是国际技术市场上的主要传播者，从而构成国际技术转移最主要的载体。通常而言，外商投资通过两种渠道影响东道国的技术进步：一是通过直接投资的方式将先进技术转移给设立在东道国的分支机构，对东道国技术进步产生直接效应，主要体现为先进设备、加工工艺、营销技能和管理经验等的投资对东道国产生的影响；二是通过在东道国设立的分支机构所产生的技术扩散和外溢效应，对东道国技术进步产生间接效应，包括传染效应、竞争效应、示范效应等。从长期来看，外商投资集中的地区或产业，技术溢出越充分的地区和行业，竞争优势越明显，增长潜力和发展能力则会更强。由此，外商投资在地区间和产业间的不平衡分布，进一步影响和加剧了地区间产业空间分布不平衡的现象。

5.4　贸易开放对制造业空间变化的影响机理

5.4.1　对外贸易对制造业空间变化的影响

1. 我国对外贸易总体发展情况

1979 年前，我国对外贸易在中央政府计划下进行，国家要直接安排 90% 以上的进口货单并下达 3 000 种以上的出口商品收购计划。这些商品可以被分为两类，即指令性商品（贸易的价值和贸易量严格受控制）和指导性商品（仅贸易价值受控制）。到 1985 年，在这两类下的商品种类减少到各 100 种左右。到 1991 年，仅有 15% 的出口被特别指定的贸易公司控制，其他几乎所有的进出口都被解除管制。指令性进口占所有进口的比重从 1985 年的 40% 缩减到 1991 年的 18.5%。到 1994 年，除了极少数极端重要的商品仍被指定的贸易公司所掌握，其他的进出口计划编制都被取消。中国的经济改革和开放政策导致了对外贸易的成长（见表 5 - 4）。据统计，我国进出口贸易额已经由 1978 年的 206 亿美元上升到了 2013 年的 41 589.9 亿美元，扩大了 202 倍。

表 5 - 4   1995 ~ 2013 年我国进出口贸易状况

年份	GDP（亿元）	对外贸易额（亿元）			贸易依存度（%）		
		进出口	出口	进口	进出口	出口	进口
1995	60 793.73	23 499.9	12 451.8	11 048.1	38.66	20.48	18.17
1996	71 176.59	24 133.8	12 576.4	11 557.4	33.91	17.67	16.24
1997	78 973.03	25 967.2	15 160.7	11 806.5	32.88	19.20	14.95
1998	84 402.28	26 849.7	15 223.6	11 626.1	31.81	18.04	13.77
1999	89 677.05	29 896.2	16 159.8	13 736.4	33.34	18.02	15.32
2000	99 214.55	39 273.2	20 634.4	18 638.8	39.58	20.80	18.79
2001	109 655.2	42 183.6	22 024.4	20 159.2	38.47	20.09	18.38
2002	120 332.7	51 378.2	26 947.9	24 430.3	42.70	22.39	20.30
2003	135 822.8	70 483.5	36 287.9	34 195.6	51.89	26.72	25.18
2004	159 878.3	95 539.1	49 103.3	46 435.8	59.76	30.71	29.04
2005	183 217.4	116 921.8	62 648.1	54 273.7	63.82	34.19	29.62
2006	211 923.5	140 971.4	77 594.6	63 376.9	66.52	36.61	29.91
2007	257 305.6	166 740.2	93 455.6	73 284.6	64.80	36.32	28.48
2008	300 670.0	179 921.5	100 394.9	79 526.5	59.84	33.39	26.45
2009	340 902.8	150 648.1	82 029.7	68 618.4	44.19	24.06	20.13
2010	401 512.8	201 722.1	107 022.8	94 699.3	50.24	26.65	23.59
2011	473 104	236 402	123 240.6	113 161.4	49.97	26.05	23.92
2012	519 470.1	244 160.2	129 359.3	114 801	47	24.90	22.10
2013	568 845.2	258 168.9	137 131.4	121 037.5	45.38	24.11	21.28

资料来源：根据《中国统计年鉴 2014》计算而得。

1995 ~ 2013 年间，我国的对外贸易总额、出口额、进口额都基本呈现稳步增长的态势。2013 年的对外贸易总额为 1995 年的近 11 倍，年均增长率为 15.14%，超过同期 GDP 年均 14% 的增长幅度。同时，我国对外贸易依存度经历了先小幅下降再逐年攀升的趋势，1998 年下降到谷底后，1999 ~ 2006 年对外贸易依存度基本呈现了稳步增长的态势，2007 ~

2013 年又呈现出下降趋势。出口依存度的增长速度要快于进口依存度。进口与出口二者之间，出口对我国工业发展影响更为深刻和广泛，由此下文着重分析出口对我国制造业空间变化所产生的影响。

2. 出口对制造业空间变化的影响

（1）出口的地域差异

近年来，我国出口所产生的增加值迅速增加，出口对经济增长的贡献程度越来越大，且在全国呈现了非均衡分布模式，珠三角、长三角等沿海地区出口贡献率相对较高。2006 年，我国对欧、美、日三国的出口总量从 2001 年的 11 899 亿元增加到了 38 667 亿元，出口增加值也由 2001 年的 7 489 亿元增加值 22 371 亿元（刘卫东等，2010）。这些增加主要集中在珠三角（广东）和长三角（上海、江苏和浙江）地区。2006 年，这两个地区对欧、美、日出口所产生的增加值占我国对欧美日出口产生全部增加值的 70.6%。而且，长三角地区增长势头明显高于珠三角。长三角地区 2006 年出口产生的增加值比 2001 年增长 2.89 倍，而珠三角仅增加了 1.49 倍。这与两者的经济特征有关系。珠三角地区是我国改革开放的前沿，政策优势使珠三角地区在经济迅速发展的同时，也形成了以加工贸易为主的生产模式。制造业多以低技术含量的劳动密集型产业为主，依靠廉价劳动力赚取利润。近年来，珠三角地区面临资源紧张、劳动力成本上升、国际环境恶化等诸多不利因素，经济增长面临着挑战。长三角地区跨越了单纯的来料加工发展模式，积极促进外资的本地化，并形成了高层次的配套经济模式，增长潜力较大。

同时，从出口对经济增长所产生的贡献率来看，其对沿海地区的经济增长程度较大。2006 年，我国对欧、美、日出口产生的增加值占工业增加值的比重，由 2001 年的 15% 上升到 19%（刘卫东等，2010）。对欧、美、日的出口已经成为我国工业经济的重要组成部分。从地区分布来看，东部沿海地区，特别是京津冀、长三角和珠三角，出口导向型经济特征远远高于中西部地区。

（2）出口的行业差异

近年来，我国出口贸易水平不断提升，但出口产品在行业间分布并不均衡。1995～2008年，我国出口贸易增长较快的行业为：化学纤维制造业，通信设备、计算机及其他电子设备制造业，黑色金属冶炼及压延加工业，家具制造业、仪器仪表及文化、办公用机械制造业等行业，它们的年均出口增长率达到了25%以上。在我国一些资本和技术含量较高的行业，如通信设备、计算机及其他电子设备制造业（年均增长率达到34%），仪器仪表及文化办公用品机械制造业（年均增长率达256%）等行业的出口贸易发展迅速。而一些劳动密集型行业，如纺织业、服装鞋帽制造业等出口增长较为缓慢，平均出口增长率在13%左右。各制造业行业出口额增长率的变化趋势反映了我国制造业各产业比较优势的变迁情况。

与此同时，根据刘卫东等学者（2010）的计算成果，我国各省区市向欧、美、日出口对其自身行业发展的影响程度也有所差异。表5-5中列出了出口产生增加值增长量位于前10位的省份，可以看出出口对我国区域产业发展和产业结构转型起到很大的作用，特别是东部沿海地区。其中，2001～2006年，江苏和上海向欧、美、日出口产生的增加值增量均占其增加值增量的百分之三十多。如果仅从工业来看，同期江苏和上海向欧、美、日出口产生的工业增加值增量占其工业增加值增量的比重分别为51%和70%。可以说，出口对长三角地区产业结构转型贡献最大。分行业来看，向欧、美、日出口虽然对我国机械电子、仪器仪表等行业增长起到了很大的促进作用，但同时对我国纺织、服装、木材、造纸、化工、金属等基础原材料工业增长也起到了较大的推动作用。

表5-5　　2001～2006年向欧盟出口对我国区域产业结构转型的影响

行业	江苏	广东	浙江	上海	山东	福建	天津	北京	辽宁	河北	平均
食品	0.13	0.06	0.12	0.10	0.02	0.03	0.05	0.04	0.02	0.01	0.03
纺织	0.17	0.63	0.23	0.44	0.04	0.18	1.59	0.68	0.43	0.14	0.18

行业	江苏	广东	浙江	上海	山东	福建	天津	北京	辽宁	河北	平均
服装	0.06	0.15	0.18	0.18	0.09	0.11	0.49	0.21	0.04	0.05	0.12
家具	0.32	0.30	0.29	0.37	0.10	0.17	0.52	0.54	0.17	0.11	0.15
造纸	0.52	0.21	0.26	0.72	0.04	0.24	0.95	0.73	0.33	0.04	0.19
化工	0.18	0.17	0.13	0.26	0.04	0.11	0.25	0.22	0.10	0.06	0.10
冶金	0.18	0.20	0.21	0.49	0.04	0.13	0.14	0.18	0.09	0.02	0.10
机械	0.28	0.12	0.13	0.27	0.04	0.12	0.21	0.29	0.05	0.03	0.14
交通	0.32	0.12	0.16	0.11	0.07	0.33	0.08	0.01	0.08	0.05	0.09
仪表	0.28	0.14	0.23	0.25	0.15	0.17	0.17	0.12	0.18	0.38	0.18

资料来源：刘卫东，刘红光，唐志鹏等．商品出口对我国区域经济增长和产业结构转型的影响分析．地理学报，2010，65（4）：407-415.

（3）出口的影响

综上所知，我国各地区之间贸易发展相当不平衡。无论从东、中、西部贸易额占全国贸易额的比重，还是从贸易依存度、出口对经济增长贡献率等多指标来看，中国的贸易开放度在地域上表现为东部开放度远大于中西部地区。同时，各行业之间的贸易发展水平也是非均衡的。出口额比例上升较快的资本、技术密集型行业大多也是产业集中度升高较快的行业，如通信设备、计算机及其他电子设备制造业，仪器仪表及文化办公用机械制造业等。部分地区或行业对外贸易的迅速发展，势必大幅度扩大了其产品的市场需求，有利于提高产业效率和技术能力。由此，贸易发展的不均衡性扩大了区域之间产业分布的不平衡性，也加剧了部分行业的空间分布集聚程度。

5.4.2　贸易壁垒对制造业空间变化影响

1. 贸易壁垒发展历程及特点

国际贸易自重商主义时代（15 世纪到 18 世纪中叶）开始大量出现，

为保护本国工业，当时各国都有对外国商品的进口设置高关税以达到反倾销目的做法，但真正采取法律手段对国际贸易加以限制至 20 世纪末才兴起。20 世纪 50～60 年代，发达国家纷纷削减贸易壁垒，呈现贸易自由化倾向，极大带动了世界经济的发展。贸易自由化的发展一方面促进了国际贸易的扩张和经济全球化的进程，另一方面也加剧了各国之间经济贸易的竞争。由此，在 20 世纪 70～80 年代的世界性经济危机过程中，贸易保护主义重新抬头，众多新名义的贸易壁垒成为了发达国家维护自身经济利益的新的保护手段。

国际贸易壁垒的发展历程分为传统贸易壁垒和新贸易壁垒两个阶段（见表 5-6）。传统贸易壁垒主要从商品数量和价格上进行限制，主要体现在商业利益上，所采取的多为边境措施；新贸易壁垒更多强调对于人类健康、安全以及环境的影响，体现的是社会利益和环境利益，其采取的措施不仅包括边境措施，还涉及国家政策、法规等内容。

表 5-6　　　　　　　　　　贸易壁垒类型及特点

	壁垒类型	检测主体	保护对象	涵盖内容	衡量标准
第一阶段：传统壁垒	关税壁垒	最终产品	最终产品	高关税	绝对值
	非关税壁垒	最终产品	最终产品	配额、许可证、反倾销等	绝对值
第二阶段：新贸易壁垒	技术壁垒	技术环节	最终产品	安全标准、卫生标准、包装标识、包装技术要求	绝对值
	环境壁垒	生态环境	产品生命周期	环境技术标准、环境管理体系标准、绿色补贴等	相对值
	社会责任壁垒	生产者	对生产者及其劳动条件的保障	社会保障、就业环境、职业安全等	相对值
	道德壁垒	动物	对动物康乐生存状态的保障	生理福利、环境福利、卫生福利、行为福利等	相对值

资料来源：本书作者总结绘制。

国际贸易壁垒的发展主要呈现出了以下三个特点：第一，贸易壁垒种类多样，以反倾销影响最为广泛。1979 年东京多边贸易谈判结束后，工业化国家的工业产品平均关税降到 6.3%。关税的降低削弱了关税壁垒贸易保护的作用。随后，反倾销措施凭借其合法性和有效性，成为了影响最深刻、使用最广泛的贸易壁垒形式之一。第二，全球贸易壁垒针对地区相对集中，发展中国家是主要目标国。1995 ~ 2014 年期间，全球遭受反倾销立案的国家和地区共有 90 多个，主要集中在中国、韩国、美国、印度等地。其中，中国是遭受倾销指控最多的国家，占 WTO 总数的 16%，被采取反倾销措施案件数占 WTO 总数的 24.8%，是受贸易壁垒最严重的国家。第三，贸易壁垒针对商品较为集中。主要针对竞争较为低劣，价格差距较大的传统工业门类。1995 ~ 2014 年间，反倾销涉及的产品主要集中在低价金属及其制品、化工及塑料、橡胶、机电、纺织等主要门类。其中，低价金属及其制品居首位，主要针对产品为钢材及钢铁制品，占涉案总数的 28.99%，化工产品和塑料橡胶制品分别占涉案总数的 20.2% 和 13.35%，列第二、三位。这些商品门类是竞争较为激烈的传统工业门类，同时也是发展中国家具有出口优势的行业。反倾销在这些行业的高度集中势必会削弱发展中国家在国际分工的地位，恶化贸易条件，为出口带来不利影响。

国际贸易壁垒影响力的不断扩大对原有以自由贸易为基础的全球生产网络理论提出了新的挑战。同时，新贸易壁垒的关注技术、生态环境和社会责任的趋势，极大地推动了一批第三方机构的出现和发展，对生产网络的空间组织模式产生了新的影响。

2. 国际贸易壁垒影响下的生产网络特征和空间组织模式

全球生产网络的存在源于地区间的贸易。经济活动跨越国境的地理扩张和国际上分散经济活动之间的多元贸易都受到贸易壁垒的深刻影响。国际贸易壁垒使得全球生产网络呈现了新的组织模式和空间特征。现有研究普遍认为：（1）理论意义上，全球生产网络的组织模式比格里菲（Gereffi）提出的"生产者驱动"和"消费者驱动"的生产网络构成模式更为灵活多变，这种生产网络不仅存在于跨国范围的制造商、贸易商、经销商三者之间，而且也广泛地存在于同一地区甚至同一部门内部；（2）方法上，企业的生产网络包含研发、设计、生产和市场销售四个部分，这四个部分在全球和地方范围内的组织模式是值得研究的重要命题。但对于贸易壁垒影响下的全球生产网络组织模式和空间特征究竟呈现了怎样的特点这一研究命题，仍没有定论。

国际贸易壁垒影响下产业空间组织呈现了新的模式。主要体现在如下三点：第一，非资源密集型行业的制造业企业倾向于向劳动力成本较低的地区转移。这些地区可以是消费水平较低的地区，也可以是劳动法管理相对松散的地区；第二，第三方机构向金融中心、服务业中心积聚，并不主动选择与制造商或零售商临近；第三，当一个地区的产业形成一定规模后，地方政府、行业协会和企业往往愿意三方联合，加速产业集群的形成壮大。政府协助解决社会责任实施问题，推行质量认证体系的完善以增强当地产品竞争力，行业协会协助稳定产品价格标准，抵制恶性竞争，保护产业的不断发展壮大。

3. 案例研究：中国与加拿大自行车贸易

（1）案例选取背景

自行车制造业是我国历史较为悠久的传统制造业，同时也隶属于贸易壁垒关注最为集中的低价金属及其制品行业。在自行车出口贸易所遭受的众多贸易壁垒中，以加拿大反倾销政策最为严苛。因此，以中加自行车贸易为案例进行研究，可以在一定程度上揭示制造业全球生产网络在国际贸易壁垒影响下所具有的普遍特征。2008 年我国自行车年产量达 8 762.5 万辆，出口 5 658.5 万辆，出口额达 25.5 亿美元，占世界自行车贸易量的近 80%。在出口贸易量快速增长的过程中，国外对我国自行车出口设置贸易壁垒的状况也频频发生。1993 年 10 月欧共体做出仲裁，对来自中国的自行车统一征收 30.6% 的反倾销税，2005 年 7 月又将反倾销税提高至

48.5%。随后，加拿大自行车企业（Raleigh Industries Canada 和 Procycle Group Inc.）要求国际贸易法庭对从中国进口的普通自行车及车架征收关税从原来的 13% 上调至 48%。经调查后，加拿大国际贸易法庭做出了有害裁定，对原产于中国的自行车整车将征收反倾销关税，具体内容为：对直径 16 英寸以上，离岸价格（FOB）225 加元以下的整车，将根据出口商提供的生产成本和其他相关信息，由加拿大边境服务署（CBSA）计算出正常价格，对低于正常价的整车征收相应的反倾销税，理论上税率最高可达 64%。对我国自行车出口加拿大产生了严重的打击。与此同时，一系列新贸易壁垒也对自行车出口产生了严重影响，如 SA8000 社会责任标准（social accountability）等。

天津市，浙江省宁波市、杭州市，江苏省昆山市、太仓市、常州市和广东省深圳市、佛山市是我国自行车生产企业主要集群地区（见表 5-7），2008 年，上述地区自行车生产量占全国总量的 87%。2008 年我国对加拿大自行车出口额为 6 164 万美元，主要出口省份为广东省、江苏省、浙江省、上海市和天津市。当年，与加拿大有自行车整车出口贸易关系的企业共计 59 家，其中 37 家为自行车生产企业，22 家为贸易公司。本书作者于 2009 年 10~11 月选取天津市，江苏省昆山市、太仓市、常州市，广东省深圳市 5 个地区为案例区进行调研，深入访谈自行车整车生产企业 8 家，零部件生产企业 12 家，贸易代理商 2 家，自行车行业协会 1 家共计 23 个单位，获取了大量的一手资料和数据以进行案例分析。

表 5-7　2008 年全国各省市自行车产量及对加拿大出口量统计表

地区	自行车产量（万辆）	占总量比重（%）	对加拿大出口额（万美元）	占总量比重（%）
天津	4 081.5	46.58	206.1	3.34
浙江	1 680.0	19.17	440.0	7.14
广东	1 337.7	15.27	3 366.5	54.62
江苏	639.0	7.29	1 754.6	28.47
上海	595.1	6.79	396.8	6.44

地区	自行车产量（万辆）	占总量比重（%）	对加拿大出口额（万美元）	占总量比重（%）
河北	318.2	3.63	—	—
山东	51.0	0.58	—	—
四川	36.2	0.41	—	—
河南	16.9	0.19	—	—
广西	5.6	0.06	—	—
陕西	1.2	0.01	—	—
江西	0.1	0.00	—	—
合计	8 762.5	100	6 164	100

资料来源：中国自行车协会．中国自行车行业 2008 年经济运行分析报告．

（2）中加自行车生产网络模式和空间组织特征

受国际贸易壁垒影响，中加自行车生产企业布局市场指向和劳动力指向明显，第三方机构向金融、服务中心集聚。首先，生产企业布局的市场指向性和劳动力指向性明显。改革开放初期，深圳市作为首批沿海开放城市，率先接受了来自台湾等发达地区的自行车产业转移。20 世纪 80 年代初，深圳市在"三来一补"的基础上，通过给外资品牌代工、贴牌并大量出口，建立了一批自行车行业的领先企业。但由于当时大部分厂房、土地都租赁给工厂，生产技术上也都采用了来料加工的形式，许多外资企业并未扎根落户在深圳。20 世纪 90 年代初，中国台湾的捷安特自行车厂落户江苏昆山，带动了数十家中、下游配套协作台商相继搬迁，通过两岸垂直分工的方式形成了江苏自行车产业集群。由此，引发了珠三角自行车产业向长三角地区的转移。天津市的自行车生产集群历史悠久，早期从国有企业衍生而来，依靠国内市场不断成长，主要面向内地市场。20 世纪 90 年代初我国国有企业普遍出现经营困难现象，天津地区以国企为基础的自行车产业集群也受到了极大的冲击。随着国企改制的不断进行，大量民营中小企业和手工作坊加入到了技术门槛不高的自行车业中来，使得天津市延续了自行车产业集群的地位。21世纪以来，珠三角、长三角地区劳动力成本明显提升，土地资源也较为紧张，诸多自行车企业开始在天津设厂，并不断扩大天津分厂的产能以适应国内、外市场。天津市政府为鼓励自行车产业发展也提供了诸多优惠政策，并建立了"中华自行车王国"等工业园区以壮大自行车产业。2007年，中国台湾地区建大集团、巨大集团（Giant）分别以总投资2亿美元和8 000万美元落户天津静海，为天津市自行车产业集群的发展注入了新的活力。未来10年内，深圳市自行车产业集群的自行车产能将主要面向国际市场发展中高档产品生产，产量处于稳定或精减的状态；苏州市自行车产业集群将处于稳定状态，主营中档产品；天津市在自行车产业方面将进一步壮大，在产品质量和档次方面会取得逐步的提升，并辐射国内、国外的广大市场（见表5-8）。

表5-8　　　　我国自行车产业生产集群基本分布情况及发展现状

内容	深圳	苏州	天津
地理区位	珠三角经济圈	长三角经济圈	环渤海经济圈
区内集群	龙岗区、宝安区	昆山市、太仓市陆渡镇	武清区、北辰区、王庆坨镇
区内自行车企业数量	约200个	约300个	约1 100个
自行车年产量	约1 000万辆	约1 200万辆	约4 000万辆
自行车行业从业人数	10万余人	7万余人	18万余人
领先企业及品牌	保安、仲正、美利达等	捷安特、禧玛诺、永久、好孩子等	富士达、飞鸽、科林、金轮等
产品定位	中高档产品	中高档产品	低档产品
面向市场	主营出口市场	出口、内地市场相当	内销市场为主，出口市场为辅
未来发展趋势	呈下降趋势	稳定	呈上升趋势

资料来源：作者根据调研资料整理。

其次，第三方机构区位选择向金融、服务业中心集聚。贸易代理商方面，2008 年我国进行加拿大自行车出口的 22 家贸易公司中，有 15 家位于广东省，4 家位于浙江省，2 家位于天津市，1 家位于北京市。调研中发现，天津、江苏等地生产的，面向出口市场的自行车，60% 以上会通过深圳的贸易公司出口海外。认证公司方面，自行车出口的主要认证公司——英国 Intertek 天祥集团仅在广州和上海设有中国市场部。征信公司、银行机构等第三方也都集聚于金融中心。

5.5 小   结

改革开放的实践已经证明，制度变革所释放的生产力是我国近 30 年来经济增长的最根本的动力。国家计划经济体制向市场经济体制的改革影响了工业的空间组织，尤其是以资本开放和贸易开放为主要代表的制度变革对我国东部地区的发展起到了主要的推动作用，使我国在国际产业分工中占有一席之地，并在全球生产、贸易网络中发挥了不可忽视的重要作用。自十一届三中全会确定了实行对外开放、对内搞活经济的重大战略方针后，我国对外开放进程不断加快，由点到面，由浅入深，从南到北，从东到西，逐渐形成了以经济特区和沿海开放城市为重点的全方位、多渠道、多层次的开放格局。在此背景下，跨国公司逐渐成为我国产业空间组织的重要主体。经济全球化下，资本和贸易开放促成了跨国公司的进入，劳动和生产要素密集型部门开始向我国沿海地区扩散，并通过资本积累、技术溢出、贸易网络构建带动了地区经济发展。但由于资本开放和贸易开放政策的空间推进具有不均衡性，在一定程度上导致了区域间资本循环累积效应和技术溢出能力存在差异，致使地区间发展差距逐步扩大，沿海地区成为推动国家经济增长的核心力量，形成了当前的宏观经济格局。

第 6 章

权力制度改革对制造业
空间变化的影响

6.1 我国权力制度改革的主要历程及内容

改革开放以来，我国经济发展取得了举世瞩目的伟大成就，权力制度改革在这一过程中起到了至关重要的作用。分权化、民营化等经济体制变革深刻促进了市场经济发展，是推动工业经济高速增长的重要原因，也是导致地方制造业空间格局发生变革的重要因素。回顾我国权力制度改革的历程，主要可归结为妥善处理"两个关系，两个内容"的过程。"两个关系"一是中央政府与地方政府间的关系，二是政府与企业间的关系。"两个内容"是行政权和财政权。我国通过行政、财政两个主要领域的分权化，进行了"松绑式改革"，实现了"中央向地方下放权力，政府向企业放权让利"的改革目标，扩大了地方的管理权和企业的经营自主权，深入促进了市场经济的发展。

改革开放以来，权力制度改革的历程可分为两个重要阶段：第一阶段为 1979～1992 年，财税改革和权力下放为这一时期的主要手段。1979年，我国开始进行扩大企业自主权的试点，这是行政分权的尝试。1980

年开始实施财政分级包干、分灶吃饭等财税体制改革。1983年推行的第一步"利改税"和1984年实施的第二步"利改税"逐渐使企业成为"独立经营、自负盈亏"的经济个体。1986年推行的"多种形式的经营承包责任制",配合1988年中央下放外贸企业审批权、外资企业审批权,扩大外资企业自主权等改制,致使以承包经营为主要模式的企业经营体制开始全面推开。这一阶段工业管理体制主要是通过利税分流的方式,打破"大锅饭"分配模式,促进企业自主经营的积极性。第二阶段为1993年至今,机构改革、职能转换等行政管理体制改革成为改革的主导内容。虽然作为政府管理部门改革的试点始于1982年,但工业部门大规模改革于1993年全面铺开。1998年进行了规模最大、最彻底的一次机构调整,为政企分开奠定了良好的基础,成功实现了政府职能转换。

6.1.1 财政分权

1978～1993年,我国推行了三次重要的财政体制调整,形成了当前中央与地方的利益分配格局。1980年2月,国务院发布《关于实行"划分收支,分级包干"财政管理体制的暂行规定》,实行"分灶吃饭"的办法,其重点是通过财政分权调动地方政府发展的积极性。这次财政分权幅度较大,其主要根据全国不同地区的情况,确立了五种承包办法:①北京、上海、天津三个直辖市保持原有体制不变;②江苏实行财政收入固定分成比例试验;③广东上缴固定数额,福建得到固定数额的补贴;④8个贫困省按照每年10%的递增速度得到固定数额的补贴;⑤其余15省一律按一定五年不变的原则与中央进行收入或补贴的比例分成。1981年开始,国营工业管理体制开始进行"利改税"的试点工作,并分别于1983年、1984年推行第一步、第二步"利改税"。主要是将国营企业应当上缴国家财政的收入,通过"以税代利"的形式以税收形式上缴国家,税后利润留成部分归企业自支,可用于技术改造和扩大再生产。在此基础上,由于1980年财政体制的规则过于复杂,于是1985年经国务院批准,我国进一步实行"划分税种、核定收支、分级包干"的财政体制。希望通过划分税种的方式简化规则，为建立规范化财政体制做准备。其主要内容是规定中央、地方财政收支的分成方法，包括：①地方固定收入大于支出的定额上解；②地方固定收入小于支出，从共享收入中确定一个分成比例留给地方；③地方固定收入加共享收入仍不足以抵拨支出的，由中央定额补助；④除广东、福建仍实行财政大包干外，全国其他省、市、自治区都予以实行。这次改革是分税制的大胆尝试，但后期由于主客观原因而未能持续，至1998年中央又重新以全面包干制度代替。1988年我国实行了第三次财政包干体制调整，但究其实质，仍是对"分灶吃饭"的补充和修改。后根据不同省份的情况，共形成了六种实施模式。分别是：①收入递增包干（适用于北京、河北、辽宁、沈阳、哈尔滨、江苏、浙江、宁波、河南和重庆）；②总额分成（适用于天津、山西、安徽）；③总额分成加增长分成（适用于大连、青岛、武汉）；④上解递增包干（适用于广东、湖南）；⑤定额上解（适用于上海、山东、黑龙江）；⑥定额补助（用于吉林、江西、陕西、甘肃、福建、内蒙古、新疆、西藏、宁夏、广西、云南、贵州、青海、海南）。

三次财税改革后，到20世纪80年代后期，我国出现了财政过度分权的状况。中央政府的地位较为被动。主要表现在两个方面：第一，地方政府过度敛财导致中央政府财政收入锐减，地方政府实行的部分无原则的税收减免政策造成了中央政府税收的流失。1980年，中央政府财政收入占GDP的比重为6.3%，到1993年这项指标仅有2.8%。同时，1988~1994年国家汲取财政的能力也持续下降（见图6-1）。第二，中央政府和地方政府之间、各级地方政府之间竞争激烈，效率损失严重。例如某些地区为扩大本地税源，限制本地资金外流、限制外地商品流入、强迫本地居民购买本地企业生产的商品，从而导致恶性无序竞争，违背了资源配置规律。

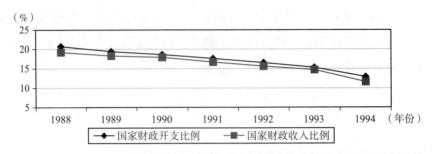

图 6 - 1　1988—1994 年国家财政收支占国内生产总值比重变化情况

资料来源：根据1995 年《中国财政年鉴》计算而得。

　　1994 年，为解决国家财政困难的问题，建立与市场经济制度相适应的中央与地方的财政经济关系，我国开始实行分税制改革。其主要内容是：①按照统一税法、公平税负、简化税制、合理分权的原则进行税制改革，推行以增值税为主的流转税制度。②划分中央与地方的收支范围，实行分税制。将关系国家大局和实施宏观调控的税种划归中央，将与地方经济和社会发展密切相关的且适合于地方征管的税种划归地方，收入稳定、数额较大且具有中性特征的增值税作为中央与地方的共享收入。此次税制改革大幅度增加了中央财政收入，且使得地方政府不再按照企业行政隶属关系组织财政收入，不再过多实行地方保护主义、干预企业的生产经营活动，把企业推向了市场。但导致的问题是地方政府财政收入不断减少，尤其是县、乡级财政十分困难，赤字规模越来越大。地方财政收入占总收入比重不断减少，如1993 年地方财政收入占总财政收入比重为78.0%，到2014 年降至54.05%，而地方政府财政支出占总支出比重在增加。为了弥补财政收入不足，地方政府管辖的行政与事业单位开始经营企业，在一定时期内影响了我国制造业的空间变化。与此同时，更多的地方政府开始依靠土地转让填补财政空缺，这也直接对城市内制造业的空间分布产生了深远影响，作者将在第 7 章中专门讨论这一问题。

　　综合看待几次改革开放后的财税体制改革，其与改革开放前的改革具有较大的不同（见表 6 - 1）。改革开放前的分权仍是以计划经济体制为基本前提，地方政府完全隶属于中央政府，权力的上收和下放都由中央政府决定。而 1978 年后的财税分权改革则是在经济市场化和自由化的背景下开展的，从根本上改变了中国政治权力的结构，改变了央地关系的基本属性。几次改革的共同特征是：中央政府接受了地方政府与其在税收问题上进行商议的可能，充分鼓励了地方政府在经济发展中的积极性。

表 6 - 1　　　　　　　　　　　　　1978 年前后分权的不同

不同点	1978 年之前的实验	1978 年之后的分权改革
目标导向	依据领导人想法变化的权宜之计	由国家领导层推行的长期战略
体制环境	计划体制	计划体制向市场体制转变
角色	权力的放与收都掌握在中央手中，地方没有参与，也没有主动性	地方成为经济主体，甚至参与到中央决策中来
行为	中央与地方是命令与服从的关系	中央与地方是谈判、讨价还价的互动关系
广度	主要是涉及企业管理权，辅之以财权、事权的下放	有多方面分权的配套支持：财权、事权、人权、物权、决策权下放
深度	从长期看，存在分权的累积效应，但并未造成结构性的影响	对央地关系造成了结构性的影响，在很大程度上影响中国改革的进程
制度化程度	极低（随个别领导人的意志而转移）	较低（创制了一些规则，但不稳定）

资料来源：根据杨红伟. 分散与重构：中央与地方权力关系的制度化研究——以中国分税制的产生为对象. 复旦大学博士论文，2007：本书作者略有改动。

　　财政体制分权化改革大幅度调整了中央政府和地方政府之间、省级政府与它下级政府之间的财政收入分配关系，极大地调动了地方政府自主创收、发展经济、建设地方财政税基的积极性。地方政府开始有了十分明确、独立的经济意识，这对于推进改革和促进经济增长起到了非常积极的作用，但同时也引发了地区间经济发展的不平衡性，对我国地区间制造业的空间分布产生了深刻的影响。

6.1.2　行政分权

1. "条条"：中央政府权力下放，地方政府权力加强

经过 30 余年的改革历程，伴随中央政府的权力下放，地方政府在物资、价格、外贸和投资体制等方面的权力不断加强。许多原属于中央政府的经济管理权力，如地方调控权、限额以下基本建设计划审批权、利用外资审批权、外贸及外汇管理权不断下放到地方政府。这一改革历程主要表现在以下几个方面：

（1）地方政府投资审批权限逐年扩大

计划经济体制下，我国的国民经济活动基本由国家政府及各部委主管部门直接控制。主要体现为生产上统一分配和调拨，投资上统一管理和计划。这种控制依托于三种途径：第一，统一分配调拨物资；第二，制定具体生产指令性计划；第三，通过预算拨款进行固定资产投资。同时，中央政府对其下级政府和国有企业行使较为严格的投资项目审批、采购审批、工资审批、国有资产损益项目审批等。在这种体制下，国民经济发展与计划经济体制条件下的指令性计划和行政审批制度密切相关。

改革开放之后，我国进行了"简化审批、放权让利"的探索。1978 ~ 1984 年期间，改革的中心主要以政府向企业放权为基本内容。但由于改革仍在传统计划经济体制的行政审批制度下进行，放权、收权循环往复，未能取得明显效果。1984 年，国务院通过了《中共中央关于经济体制改革的决定》，明确了下放权力的要求，并直接把部分财权、物权下放至地方政府。1984 年 10 月国务院颁布《关于改革计划体制的若干暂行规定》，进一步提高了地方政府在投资项目审批方面的决策权。1987 年国务院进一步放宽了省级政府的投资审批权限，简化了审批程序。从内资审批权限看，1985 年前省级政府对能源、交通、原材料部门的投资审批权限的限额为 1 000 万元以下，1985 年提高至 3 000 万元以下，1987 年升至 5 000

万元。从外资投资项目审批权限看，20世纪80年代，四个经济特区、副省级市和直辖市多被授权可以批准3 000万美元以下的外资投资项目（贺灿飞，2005）。至2000年，为进一步鼓励外商投资，国家计委和国家经贸委发出通知，规定在《外商投资产业指导目录》（1997）鼓励类项目中，不需要国家综合平衡的外商投资项目审批权下放到省一级，由省、自治区、直辖市和计划单列市自行审批。2010年4月，国务院发布《关于进一步做好利用外资工作的若干意见》，将地方政府对鼓励类、允许类外商投资项目审批权，从之前的1亿美元增加至3亿美元，成为改革开放30年来对外商投资权限下放幅度最大的一次。同时，在中央政府向省级政府放权的同时，市县地方政府的权利也随之不断扩大。如2009年，山东省将总投资5 000万美元以下的鼓励类、允许类外商投资审批权限下放到各设区市、国家级经济技术开发区、设区市省级经济开发区和经济强县。

中央政府还赋予了部分经济特区、沿海开放城市、经济技术开发区和部分中心城市的政府一定的经济特权。同时值得注意的是，2004年黑龙江开始了省直管县的试点，将涉及有关发展、改革和经济贸易的审批管理权限，商务、国土资源、交通审批管理权限，食品药品监督管理权限，工商质检管理权限等11项，218个小项的权限下放给了县级单位，县政府直接向省级单位报告工作。近年来，通过"强县扩权"及部分省直管县的试点，我国县级政府的权能也不断得到强化，增强了县域经济发展的自主性。

（2）国家统配物资及定价商品大幅度减少

伴随着审批权限的下放，许多改革政策的制定权力也移交给了地方政府，包括部分定价、建新企业和自筹资金上项目等。地方政府享有了更广泛的自治权力，也具有了更高的发展经济的积极性。

20世纪80年代我国向市场经济发展的管理形式主要有减少指令性计划、指导性计划和实行市场调节三种。其中减少的指令性计划指标，包括工农业生产和产品、物资的收纳、调拨等。相关统计资料显示，1979～1987年，国家计委管理的工业生产指令性计划产品的品种，由120种减少到 60 种左右，即使对重要材料，像钢材、木材、煤炭、水泥，由国家分配的比例也从 1979 年的 77%、85%、58.9% 和 35.7% 下降到了 1988 年的 46%、25.9%、43.5% 和 13.6%（胡德，2007）。国家统配物资品种由规定的 256 种减少到 26 种，企业有权对计划分配物资实行自产自销。到 1987 年底，全国已经建立起 386 个大型生产资料贸易中心，销售额 268 亿元，占全国物资部门销售额的 17%。20 世纪 90 年代，中央直接管理的指令性指标进一步减少。至 2002 年，我国工业品生产指令性计划只局限于木材、黄金、卷烟、食盐和天然气 5 种①。其中，木材、天然气和黄金只是在某些环节或部分产品实行指令性计划。市场调节价在社会商品零售总额、农副产品收购总额和生产资料销售总额中所占的比重分别达到 95.8%、92.5% 和 87.4%（胡德，2007）。

（3）国有企业及外贸经营控制权下放

1980 年初，部分中央隶属国有企业下放到省、市和县级政府，其中下放到市一级的最多。通过"属地管理"模式，调动地方改革和发展的积极性。到 1985 年，按产值统计的中央企业的比重只占到乡级以上国有企业的 20%，省市级占到 45%，县级占 9%（胡德，2007）。冶金、电子、机械等行业的中央企业大部分得到下放，其中包括首钢、武钢等特大型企业。此后，中央对国有企业进一步实行"抓大放小"政策，将一部分企业划拨给地方。1998 年，煤炭部、有色金属总公司等专业经济部门撤销，使得煤炭企业全部下放，有色金属行业的绝大部分企业下放地方。

这一时期，中央政府不仅下放了部分重点国有企业，同时也将外贸经营体制进一步放宽。1988 年国务院决定将大部分原国家外贸专业总公司在各地的分公司、地县外贸公司以及外贸所属生产企业下放地方经营管理，并与地方财政挂钩。外贸行业承包责任经营制也在全国开始推行。各

---

① 2009 年，工信部针对 2008 年全国稀土企业稀土矿产品和冶炼分离产品生产情况进行全面摸底调查，广泛征求有关地方和企业等意见后，向内蒙古、江西、四川、江苏等 11 个省（自治区）工业主管部门下达了 2009 年稀土矿产品和冶炼分离产品指令性生产计划。

省、自治区、直辖市、计划单列市和直接承担出口业务的国家外贸公司，直接承包出口创汇、上缴外贸和经济效益指标，之后将各项承包指标分解落实到地方外贸企业。承包指标计划内的外汇收入，大部分上缴国家，少部分留给地方和企业。超出计划指标的部分可留给地方和企业。1980 年，地方留成外汇仅有 15.79 亿美元，占当年出口收汇的 9%。至 1988 年实行承包责任经营制后地方、部门留成达 180 亿元，占出口收汇总额的 60%。地方政府发展本地外贸经济的意愿得以强化。

2. "块块"：专业经济部门撤销，企业自主能力提升

40 年来我国工业经济实力的快速提高和地区间工业发展不平衡的加剧，并不仅仅依赖于中央政府权力的下放和地方政府事权、财权的不断增强，企业自主能力的显著提升也是导致这一变化的重要原因之一。改革开放以来，我国进行了 6 次行政体制改革（见图 6 - 2）。1982 年、1988 年和 1993 年的三次改革主要是行政组织层面的改革，注重政府自身结构与数量的调整。1998 年是规模最大、最彻底的行政体制改革。随后 2003 和 2008 年的两次改革进一步落实了政府职能转变和政企职责分开的目的（见表 6 - 2）。

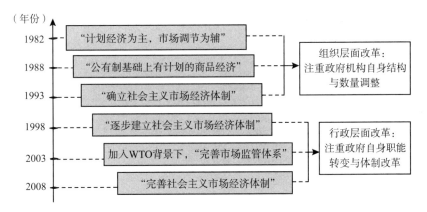

图 6 - 2　改革开放以来我国行政体制改革的主导思想及主要内容

资料来源：本书作者总结绘制。

表 6 – 2　　　　　　　历次行政体制改革中工业管理部门的改革内容

年份	改革内容	改革目标	改革效果评价
1982	第六机械工业部→中国船舶工业总公司 机械工业委员会→中国汽车工业总公司	提高工作效率，促进经济体制改革。	没有改变高度集中的计划经济管理体制，没有实现政府职能转变。
1988	国家计委、国家经委→国家计委 煤炭工业部 石油工业部 ⎫→能源部 核工业部 ⎭ 国家机械工业委员会 ⎫→机械电子工业部 电子工业部 ⎭ 航空工业部 ⎫→航空航天工业部 航天工业部 ⎭	转变政府职能，由微观管理向宏观管理、由直接管理向间接管理、由部门管理向行业管理转变。	并未真正实现政府职能转变，但在调整和减少工业专业经济管理方面取得了较大进展。
1993	航空航天工业部 → ⎧航空工业总公司 　　　　　　　　⎩航天工业总公司 轻工业部→中国轻工总会 纺织工业部→中国纺织总会 能源部→电力工业部 中国统配煤矿总公司→煤炭工业部 机械电子工业部→机械工业部 中国电子工业总公司→电子工业部 商业部、物资部→国内贸易部 组建国家经济贸易委员会	适应建设社会主义市场经济的需要。	未能实现向市场经济转化的需要，不但未能减少、压缩原有工业专业经济部门，反而增加组建了电力工业部、煤炭工业部等。
1998	①组建新的国家计划委员会，将原有国家计委、经委、财政部、人民银行改组为宏观调控部门。 ②撤销电力工业部、煤炭工业部、冶金工业部、机械工业部、化学工业部、地质矿产部、林业部、中国轻工业总会、中国纺织总会，并入国家经贸委内部职能局。 ③（2000 年）撤销内贸、煤炭、机械、冶金、石化、轻工、纺织、建材、有色金属等 9 个国家经贸委管理的国家局，并入国家经贸委。部分职能交由行业协会行使。 ④形成大型企业集团，包括石油天然气总公司、石油化工总公司、国家电力总公司、航天工业总公司、核工业总公司、船舶工业总公司、兵器工业总公司、有色金属工业总公司等全国性工业总公司，政企脱钩。	建立办事高效、运转协调、行为规范的政府行政管理体系。逐步建立适应社会主义市场经济体制需要的政府行政管理体制。	撤销了大部分工业专业经济部门，工业管理部门不再是工业企业的主管部门。在一定程度上解除了企业与政府之间的行政隶属关系，消除行政化。

续表

年份	改革内容	改革目标	改革效果评价
2003	①国家发展计划委员会改组为国家发展和改革委员会，职责为拟定经济和社会发展政策，指导经济体制改革； ②组建商务部，统筹国内外贸易和外商投资； ③设立国务院国有资产监督管理委员会，指导国有企业改革重组，深化国有资产管理体制改革，进一步实现政企分开； ④设立中国银行业监督管理委员会，加强金融监管，确保金融机构安全、稳健、高效运行； ⑤推进流通体制改革，组建国家食品药品监督管理局，加强食品药品安全与安全生产监管。	逐步形成行为规范、运转协调、公正透明、廉洁高效的行政管理体制。	通过深化国有资产管理体制改革，完善宏观调控体系，健全金融监管体制，继续推进流通体制改革，加强食品安全和安全生产监管体制建设等有效手段，进一步实现了政府职能的转变。
2008	国防科学技术工业委员会 └→国家国防科技工业局 信息产业部 ┐工业和 国务院信息化工作办公室 ┘信息化部 国家国防科技工业局划归工业和信息化部	转变政府职能和理顺部门关系，探索实行职能有机统一的大部门体制，整合完善工业和信息化等管理体制。	工业和信息化部的成立，改变了过去工业行业管理分散的局面，有利于工业的协调发展，充分发挥政府对工业化的整体规划、指导、监督和协调作用。
2013	①实行铁路政企分开，不再保留铁道部 铁道部 ┌铁路发展规划、政策拟定等行政职责 │ └→交通运输部 ┤其他行政职责→铁路局 └铁道部企业职责→中国铁路总公司 ②组建国家食品药品监督管理总局，提高食品药品安全质量水平； ③将新闻出版署和广电总局的职责整合，组建国家新闻出版广播电视总局，促进新闻出版广播影视业繁荣发展； ④国家海洋局 中国海监 公安部边防海警 ┐职责 国家 农业部中国渔政 ┘整合→海洋局 海关总署海上缉私警察 ⑤国家能源局和电监会职责整合，重新组建国家能源局，进一步完善能源监督管理体制。	对大部制改革进行继续深化，以职能转变为核心，继续简政放权、推进机构改革、完善制度机制、提高行政效能、加快完善社会主义市场经济体制，为全面建设小康社会提供制度保障。	

资料来源：基本资料来源于 http：//www.xzbu.com/3/view-4341822.htm 和吴金国. 工业管理体制比较研究. 合肥工业大学博士论文，2009. 本书作者进行了提炼汇编。

总体而言，改革后新时期下的工业管理体制具有以下重要的特点：一是实现了从"部门管理"向"行业管理"的转变。专业经济部门逐步撤销，从原来条条块块的管理模式，转变为面向全行业的管理，通过"政府部门＋行业协会"的模式，实现全国一盘棋。二是由微观管理向宏观管理转变，放权于企业。以往中央与地方关系调整时，没有注意到政府与企业的关系，仅把企业作为行政体制的附属物。改革后，中央开始注重增强企业自我发展和改造的能力，把生产计划权、产品购销权、劳动人事权和生产经营权等下放给企业自身，倡导企业自主经营，自负盈亏，从而大大增强了企业自身活力。政府主要通过宏观调控和政策管制等方式，引导工业经济的发展。改变了过去由政府主导的局面。三是由直接管理向间接管理转变。行政体制改革前，政府的管理方式主要依靠计划、指令等行政手段，改革后政府的行政工具逐步转变为依靠货币、税收等经济手段和政策、法规等法律手段进行间接管理。

中央政府的机构改革成为了地方政府改革的开路先锋，1999 年后按照中央的归口部署，各地方政府均撤销了工业局（中国社会科学院工业经济研究所，2008）。以各级政府为主导的、直接管理工业经济运行的工业管理体制从此发生了深刻的变化。各种从生产到经营的直接控制越来越少，取而代之的是法规制定、计划引导、信息沟通和监管服务。

3. "企业"：公有制为主体，多种所有制经济共同发展

我国工业企业所有制及其结构也在这一时期发生了重要变化，一方面，国有经济的主导地位和作用日益明显；另一方面，以个体、私营、外商投资、港澳台投资共同发展为特征的，投资主体多元化的混合所有制经济格局已经确立。这一变化过程可划分为三个重要时段：第一阶段（1978～1992年）：以放权让利和两权分离为主体的改革，集体企业增势迅猛。1981年，在维护国营经济和集体经济主体地位的前提下，通过了《关于建国以来党的若干历史问题的决议》，赋予个体经济合法地位，促进其发展。1987 年又在十三大报告中进一步指出，私营经济是公有制经济必要的和

有益的补充。并于 1988 年 6 月进一步颁布《私营企业暂行条例》，使私营企业的发展及对其监管法制化。但这一时期，除国有经济和集体经济外的其他所有制企业仍仅处于发展的起步阶段。第二阶段（1993～2000 年）：这一时期国有企业的公司化改造和产权改革以渐进方式推开并不断深入，集体企业在第一阶段改革中显现出来的企业制度优势日趋弱化，个体经济、外商投资经济和港澳台投资经济等其他所有制企业获得了更为宽松的发展环境。第三阶段（2000 年至今），伴随国有经济战略性布局调整的有效实施，国有企业在工业经济构成中的比重逐渐趋于稳定，集体企业作为一种过渡性企业制度安排的历史使命基本完成，以股份制为主要实现形式的混合所有制企业和其他所有制企业日益壮大，成为国民经济的主要组成部分（中国社会科学院工业经济研究所，2008）。通过 40 年的改革，我国工业领域以公有制经济为主导、多种所有制经济共同发展的所有制格局已经确立。

6.2 区域尺度制造业空间表现

6.2.1 权力制度改革的区域空间表现

改革开放以来，中国经济获得了持续稳定的高增长速度，其根本动因除了由中央政府推动的制度创新之外，分权地方政府权力域不断扩展，由地方政府推动的制度创新也是一个不可忽略的动因。地方政府作为中央的分支机构，直接管理其辖区的公共事务，发挥了中央政府所不可替代的作用。由于地方政府试行新制度具有收益大、风险小的重要特点，致使区域尺度的改革过程，实际上就是地方政府推动制度创新的过程。而各地方政府创新能力、创新积极性、创新条件等的差异，则导致了不同地区经济发展的不平衡性。这种不平衡体现在产业层面，就是区域尺度制造业空间分布的不均衡。

应当看到的是，财政分权为地方经济建设提供了动力，而中央向地方政府的行政放权又赋予了地方政府实施制度改革、促进经济发展的条件。在这种综合背景下，各地方政府纷纷根据本地的资源禀赋条件开展了制度改革的摸索和创新。从各地方政府制度创新所产生的效果来看，很多地区的改革模式都具有明显的区域特征："珠三角模式"凭借毗邻港澳的区位优势，借助经济特区政策，大力发展三资企业，实现了经济快速发展；"温州模式"立足于当地百工技艺的传统，从家庭工业开始起步，在政府宽松的政策环境下，形成了以个体经济和民营经济为主导的发展模式；"苏南模式"紧靠上海等长三角地区的大中城市，在政府的正确引导下，通过多年的农业积累大办工业，实现了工业的腾飞。

权力空间的地域性决定了地方政府制度变迁的效用具有区域性的特点，虽然制度创新能够在一定范围内逐步扩散，但先进制度方式并不具有普适性。每个地区经济发展都具有特殊性，因此先进制度模式并不能照搬照抄。由于地方政府创新能力、行政能力不均衡，各地区制度创新程度和改革实施力度并不均等。辅以不同地区资源禀赋、区位、市场等经济发展条件具有差异性，最终导致地区间经济发展能力存在差异，区域内部不同城市制造业空间分布不均衡。目前，我国绝大部分的省区、地市内都广泛存在区域经济发展不平衡的问题（李艳娜、陶陶，1999；朱孔来、刘善凤，2000；成蓬蓬、吕拉昌，2006；欧阳南江，1993）。下面以江苏省为例，刻画权力制度改革前后区域尺度制造业空间分布表现。

6.2.2 区域尺度制造业空间分布表现——以江苏省为例

江苏省位于我国大陆东部沿海的中心，土地总面积为 10.26 万平方公里，2014 年末全省常住人口 7 960.06 万人，占全国总人口的 5.82%。江苏自古便是富饶之地、鱼米之乡，而今依旧是中国最富庶的地区之一，全省综合经济实力在全国一直处于前列。2014 年江苏国内生产总值达 65 088.3 亿元，占全国 GDP 总量的 10.23%，仅次于广东省，居全国第二。人均 GDP 达 81 874 元，是全国平均水平的 1.76 倍。进出口总额 5 637.6 亿美元，占全国 13.10%。全社会固定资产投资 41 552.8 亿元，占全国的 8.10%。

江苏区域经济发展差异一直是近年来学者们研究的热点问题之一（陈晓等，2010；欧向军等，2007；欧向军，2005）。江苏省工业经济非均衡发展特征非常显著，其重要原因之一是苏南、苏北地区的差异化制度环境。20 世纪 80 年代，苏南地区作为长三角经济区的重要组成部分，被设立为沿海经济开放区，全方位实行了对外开放政策。1984 年，江苏省进一步提出了"积极提高苏南，加快发展苏北"的方针，在此背景下，苏南地区的地方政府与企业被赋予了更多的财政自治权和政策制定权，具有了比苏北地区更为灵活的发展经营机制。苏南地区通过吸引多种渠道资金、鼓励乡镇企业发展等制度改革，凭借邻近上海的优势区位，充分利用优惠开放政策，迅速拉动了乡镇企业和外向型经济的快速发展，导致了江苏省内区域间经济发展差异急剧扩大，主要表现在以下几个方面[①]：

1. 经济总量与增长速度差异

2013 年，南京、苏州、无锡、常州、镇江 5 个苏南城市共实现地区生产总值 36 385.87 亿元，规模以上工业总产值 75 195.84 亿元；南通、扬州、泰州 3 个苏中城市实现地区生产总值 11 297.81 亿元，规模以上工业总产值 28 352.58 亿元；徐州、盐城、连云港、淮安、宿迁 5 个苏北城市实现地区生产总值 13 558.88 亿元，规模以上工业总产值 28 756.34 亿元。从总体看，苏北、苏中经济实力与苏南相比，差距显著。尤其值得注

---

① 在空间单元上将江苏省划分为苏南、苏中、苏北三个区域，其中南京、无锡、苏州、常州、镇江为苏南；南通、扬州、泰州为苏中；徐州、连云港、淮安、盐城、宿迁为苏北。

意的是苏南工业经济基础较强，但增长速度最快的为苏中地区。1999 ~ 2011 年间，苏中地区的工业总产值增长率高达 751%，比苏南高出 185 个百分点，比苏北高出 20 个百分点，增速差距较大。

为了衡量 30 年来江苏省区域差异的变化情况，采用衡量区域经济相对差异的加权变异系数法计算区域间工业发展总体水平变化情况①。采用《江苏五十年》和《江苏统计年鉴》数据，计算 1978 ~ 2012 年间江苏各市级单位间人均工业生产总值的差异情况（见图 6 - 3）。从结果来看，改革开放以来，江苏省工业经济发展的加权变异系数总体呈现波浪式上升趋势。在"下降—上升—再下降—再上升……"循环演替的变化轨迹中，可将过程划分为以下几个阶段：1978 ~ 1983 年间，各区域的工业经济具有长足发展，相对差异趋于缩小；1984 ~ 1990 年间区域绝对差异明显扩大，呈上升趋势。产生这一变动的主要原因是苏南地区在政府引导下，积极发展集体经济，乡镇企业异军突起，极大地提高了苏南地区的经济发展水平，而同期苏中、苏北地区仍未摆脱农业经济的基础，导致区域间工业经济发展差异持续扩大；1991 ~ 1993 年间，区域间工业经济发展差异持续高速扩大。主要是 1992 年邓小平同志南方谈话后，苏南地区政府积极创新，抓住了开发、发展外向型经济的良好机遇，加快了工业化发展进程，推动工业发展水平上了一个新的台阶。而苏中和苏北地区的乡镇企业发展仅处于萌芽阶段，导致区域经济发展差异持续明显扩大。1994 ~ 2000 年间，相对差异较之前明显缓和，其原因在于这一时期江苏省政府提出了实施区域共同发展的战略，在抓好经济发达地区发展的同时，也逐步重视以淮北为重点的薄弱地区建设，致使地区工业经济发展差异得到一定缓和。2001 ~ 2004 年江苏全省经济持续高速增长，地方政府以吸引外资、扩大

---

① 区域经济相对差异法——加权变异系数的计算方法为：$V = \sqrt{\dfrac{\sum_{i=1}^{n}(y_i - \bar{y})^2 \times f}{\sum_{i=1}^{n} f}} \Big/ \bar{y}$。

其中，y_i 表示各区域人均工业生产总值，$\bar{y}$ 表示全省人均工业生产总值，f 表示各区域人口数。加权变异系数越大，区域相对差异越大，反之亦然。

出口为重要导向的工业经济发展战略，给基础条件优越的苏南地区提供了良好的发展机遇，再次拉大了区域间发展差距。多年来昆山全市财政收入的50%以上，利税的60%以上，工业销售的70%以上，工业投资的80%以上，出口总额的90%以上都来自外资。2004年后，区域间差距有所减小。

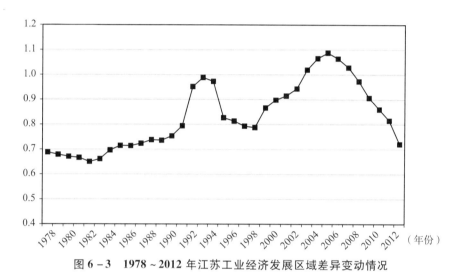

图6-3 1978~2012年江苏工业经济发展区域差异变动情况

资料来源：根据《江苏五十年》和历年《江苏省统计年鉴》计算而得。

2. 产业结构差异

以三次产业结构来看（见表6-3），从苏南、苏中再到苏北，第一产业比重依次上升，劳动力比重也呈同方向变化，第二产业比重按照苏中、苏南、苏北的顺序依次下降，第二产业劳动力比重则按苏南、苏中、苏北依次减小。2013年，苏南第一产业产值占GDP比重仅有2.3%，第二产业比重占GDP的50.3%，第二产业的产值和就业人口都占主要部分，产业层次相对于苏中和苏北地区而言较高。

表 6 – 3   **2013 年江苏省三大区域产业结构情况**   单位: %

地区	占 GDP 比重			劳动力比重		
	第一产业	第二产业	第三产业	第一产业	第二产业	第三产业
苏南	2.28	51.54	46.18	7.41	51.90	40.69
苏中	7.02	53.01	39.97	23.54	44.57	31.89
苏北	12.69	47.47	39.84	34.71	30.93	34.36
地区	占 GDP 比重			劳动力比重		
	第一产业	第二产业	第三产业	第一产业	第二产业	第三产业
苏南	2.3	50.3	47.4	7.3	51.6	41.1
苏中	6.9	52.1	44.2	22.6	44.9	32.5
苏北	12.5	46.9	40.6	33.4	31.7	34.9

资料来源: 根据《江苏统计年鉴 2014》计算而得。

从工业内部结构看（见表 6 – 4），虽然三大区域重工业比重均超已过轻工业比重，但高新技术产业比重差异较大。2010 年苏南地区高新技术产业已达到 35% 以上，已进入技术集约化阶段，即进入工业化后期。而苏中和苏北高新技术产业比重分别为 28.98% 和 19.25%，工业层次相对较低，尤其是苏北地区，距离技术集约化发展模式仍有一定差距。

表 6 – 4   **2010 年江苏省三大区域工业结构情况**   单位: %

地区	轻工业	重工业	高技术产业企业
苏南	23.81	76.19	35.30
苏中	31.74	68.26	28.98
苏北	34.44	65.56	19.25

资料来源: 根据《江苏统计年鉴 2011》计算而得。

3. 所有制结构差异

1978 年来，苏南地区的非国有经济得到迅速发展，并大大带动了地区工业经济增长（见表 6-5）。集体、个体、私营、外资等非国有经济凭借相对明晰的产权机制、自主经营的决策机制、市场调节的经营机制、优胜劣汰的竞争机制和以利润最大化为目的的投入产出机制，迅速成为苏南地区工业经济发展的主题，并成就了"苏南模式"。1992 年，苏锡常地区的工业总产值和工业机械装备水平均超过上海市总体水平（徐逢贤，2000）。1995 年，苏南非国有经济在乡以上工业总产值中的比重达到了 72.21%，成为地区经济发展重要的贡献力量。这一水平远远高于苏北地区的 52.45%，这也是苏南经济活力强于苏北的重要原因之一。

表 6-5　　　　　　　　　　2003 年江苏省三大区域工业经济
所有制情况及占工业总产值比重　　　　　　　单位：%

地区	国有	集体企业	股份有限公司	私营企业	港澳台商投资企业	外商投资企业
苏南	7.70	6.27	7.79	21.65	12.66	26.15
苏中	6.05	8.39	13.88	25.11	7.48	15.70
苏北	11.10	3.39	10.49	33.08	4.05	8.52
江苏	7.91	6.24	9.02	23.57	10.84	22.46

资料来源：根据《江苏统计年鉴 2004》计算而得。

从三大区域工业经济所有制情况来看（见表 6-5）[①]，2003 年苏南地区非国有经济所占比重仍高达 92.3%。苏北地区国有工业占总产值的比重仍然较大，高于全省的平均水平；苏中、苏北地区的外商和港澳台投资企业发展严重滞后，远低于全省平均水平。僵化落后的所有制结构深刻影响了市场机制作用的发挥，未能形成带动苏北地区经济发展的强有力支撑。

---

① 由于 2003 年后，江苏工业经济所有制情况的统计仅划分内资企业和外商及港澳台投资企业两类，缺乏对于公有制、非公有制等的详细划分，因此这里采用 2003 年统计数据分析，可从一定程度上说明苏南、苏中、苏北三个地区工业经济所有制情况的差异。

6.3 权力制度改革对制造业空间变化的影响机理

6.3.1 地方政府行为导向变化与行为能力提升

权力制度改革前，中央计划经济体制的弊端在于中央政府不能够全面洞察和有序计划全国整体经济运行形势。这主要由两方面因素导致：一方面是政府理性预期具有一定的有限性；另一方面则是信息不完全和信息不对称的问题。中国的政府架构是"省—市—县（区）—乡（镇）"四级政府体系。这种政府架构在很大程度上影响着中国地方治理的形式，地方权力将始终是单一国家主权中最有效的组成部分。因为其除了自主负责本地区的事务外，还执行着中央下达的指令性任务。地方政府一定程度上并不完全受中央政府的约束，存在着"上有政策、下有对策"的问题。因此，在从计划经济体制向市场经济体制转型的过程中，中央政府的权力分解和下放是市场经济规律的客观要求，也是大力发展经济建设的必然选择。其对制造业空间变化的影响机理主要体现在以下两个方面：

第一，权力制度改革对地方政府行为目的转变产生了极大影响。如果没有中央政府权力的分解和下放，地方政府和其他层级政府行为主体对改革的试验会严重缺乏机理和利益驱动。改革前，出于对自身既得利益的保护，地方政府并不会在制度变迁方面具有高度的积极性。但改革后，由财政分权带来的分税制体系，广泛适用于国家和省级财政、省财政与它下级政府的收入关系，深刻调动了地方政府发展地方经济和建设地方财政税基的积极性。这一现象，越深入基层就体会得越明显。很多工业基础薄弱、税基单薄、剩余劳动力出路存在问题的乡镇，具有了强烈发展本地经济的愿望，乡镇企业的崛起应该说与这种基层政权的发展愿望是密不可分的。

同时值得注意的是，地方经济发展、工业经济总量与地方官员的个人政绩直接挂钩，地方经济发展和对中央财政的贡献程度与地方官员个人政治生涯有密切联系。有学者对我国 1978～1994 年间所有获得升迁的地方领导进行了追踪考察（见表 6-6），发现分配干部晋升的机会在一定程度上依据了地区对中央财政贡献率的大小。这一机制更深层次地激励了地方官员发展地区经济的意愿。地方政府及领导官员行为目的的转变深刻影响了地区间工业经济的不平衡发展。

表 6-6　　　1978～1994 年间不同财政贡献省份领导的升迁比例比较

财政贡献	涉及省份	干部总数	平均年龄	升迁比例	退休比例	未升比例
甲类	上海、江苏、天津、浙江、辽宁、北京	63	61	60%	30%	10%
乙类	山东、湖北、河北	34	62	50%	38%	12%
丙类	福建、山西、安徽、河南、湖南、广东、四川	74	60	41%	36%	20%
丁类	吉林、黑龙江、江西、贵州、云南、陕西、甘肃、青海	80	61.2	35%	42%	23%
戊类	西藏、宁夏、新疆、广西、内蒙古	43	61.1	23%	53%	24%

　　资料来源：根据杨红伟.分散与重构：中央与地方权力关系的制度化研究——以中国分税制的产生为对象.复旦大学博士论文，2007.本书作者略有改动。

　　第二，权力制度改革促使地方政府行为能力不断提升。分权化改革突出了地方作为国有经济的代理人和地方计划者的身份和职能，扩大了地方的行动自由和选择空间，使其从一个协助中央政府管理地区经济的从属地位变成一个独立的行为主体，成为"多元主权机制"中的一员，能够自行决定和影响地区和企业的运行。刺激增长、扩大财政收入成为地方政府制定发展战略所根据的两大目标。这种地方政府的企业家精神，对发展地区经济、转变基层政府职能都曾起到了积极作用。然而，每个地方政府的行为能力提升程度存在一定的差异，这种差异在一定程度上造就了区域经济发展的不平衡性。

综上，财政权力下放使地方政府开始有了十分明确、独立的经济利益和目标行为；行政权力下放大幅度提升了地方政府的行政能力。二者综合影响了区域经济的空间布局，导致了制造业空间分布差异。值得一提的是，每项改革所产生的效果都是利弊并存的，权力的下放伴随着中央政府对经济转型风险的转移，通过各地方对制度创新的渐进式尝试，会大大降低中央政府的改革成本和风险，同时也可以避免对既得利益集团的直接触动，减少经济转型的阻力。但是，这项改革也引发了地区间经济的相互分割，以及对本地实行市场保护等现象，形成"诸侯经济"，为国内统一市场形成了巨大的障碍。

6.3.2 非公有制经济快速发展及企业自主意识不断增强

计划经济体制下，我国经济主体为公有制经济，其中包括中央国有企业、地方国有企业和集体企业。放权改革后，我国经济运行主体发生了很大的变化（见图6-4）。一方面以国家为主导的中央国有经济依然存在，但其比重逐渐减小；另一方面，具有市场经济特征的企业和个人成为新的、独立的经营主体。1992～2001年，非公有经济创造的工业总产值占全部工业总产值的比重从48.5%上升到78.3%，年均增长5.47%。1992～2001年，在工业总产值中，集体工业产值所占比重从35.1%下降至30.1%，而个体和私营工业产值所占比重则由5.8%上升到17.2%，包括外商投资企业在内的其他工业总产值比重则由7.6%上升到29.5%。非公有经济已经成为带动我国经济发展的重要力量。

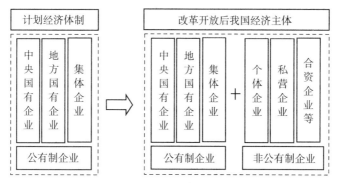

图 6 - 4　权力制度改革前后我国经济主体变化情况

资料来源：本书作者总结绘制。

政府放权给企业所带来的最重要的两个变革是非公有制经济快速发展和企业自主意识不断增强，二者综合影响了地区间经济的不平衡发展。首先，政府向企业放权，倡导多种经济共同发展，带动了非公有制经济的快速崛起，成为推动我国经济的重要力量。至 2013 年，我国非公有经济创造的工业总产值占全部工业总产值比重已达到 90.14%。然而，非公有制经济在各地区间发展并不均衡（见表 6 - 7）。这种不平衡不仅体现在省区层面，也体现在市级、县级层面。

表 6 - 7　　　　　　　2013 年我国私营工业企业分地区分布情况

地区	企业数	比重	从业人员人数	比重	地区	企业数	比重	从业人员人数	比重
江苏	30 583	14.67%	467.65	13.92%	山西	2 332	1.12%	49.43	1.47%
山东	25 995	12.47%	387.87	11.55%	天津	2 436	1.17%	36.24	1.08%
浙江	26 219	12.58%	359.82	10.71%	吉林	2 683	1.29%	35.36	1.05%
广东	15 883	7.62%	318.63	9.48%	云南	1 666	0.80%	33.27	0.99%
河南	10 724	5.15%	211.86	6.31%	内蒙古	1 865	0.89%	32.13	0.96%
湖南	9 194	4.41%	170.00	5.06%	黑龙江	2 126	1.02%	26.27	0.78%
辽宁	11 512	5.52%	164.87	4.91%	贵州	1 639	0.79%	24.69	0.73%

地区	企业数	比重	从业人员人数	比重	地区	企业数	比重	从业人员人数	比重
河北	9 023	4.33%	153.99	4.58%	陕西	1 448	0.69%	22.50	0.67%
福建	8 183	3.93%	144.96	4.32%	北京	1 079	0.52%	14.49	0.43%
安徽	11 806	5.66%	141.96	4.23%	新疆	871	0.42%	12.43	0.37%
四川	7 115	3.41%	136.34	4.06%	宁夏	688	0.33%	11.31	0.34%
湖北	7 686	3.69%	112.60	3.35%	甘肃	677	0.32%	8.03	0.24%
江西	4 217	2.02%	86.63	2.58%	青海	242	0.12%	4.54	0.14%
重庆	3 548	1.70%	72.50	2.16%	海南	46	0.02%	1.12	0.03%
广西	2 970	1.43%	63.42	1.89%	西藏	19	0.01%	0.20	0.01%
上海	3 934	1.89%	54.26	1.62%					

资料来源：根据《中国工业统计年鉴2014》计算而得。

其次，企业自主意识和行为能力不断提升，行为模式也发生转变。传统体制下，产权不明晰、激励和约束机制的不建全是造成低效率的主要原因。放权改革后，随着非公有制经济实力的不断提升，新时期企业自主意识和行为模式的变化主要有以下两个特点：一方面，企业产权不断明晰，企业自主能力不断增强。计划经济时期，企业的生产由中央计划决定，所需的大部分投入由中央计划行政分配体系供应，投资和营运资本主要通过国家财政调拨，或根据国家计划由银行系统提供。国家对全国企业行使管理权，但由于信息不对称，中央决策者很难了解到每个企业的具体情况，也难以根据企业绩效判断企业代理人的工作情况。同时，中央分配的计划指标具有较强的刚性特征，企业无法根据市场情况和自身特征安排生产，也更不具有制定发展战略的能力。改革后，企业自主意识和行为能力得到大幅度提升，这不仅减少了中央对企业的监督管理成本，更重要的是，使得诸多企业具有发展业务的行为能力。另一方面，企业激励和约束机制逐渐健全。计划经济体制下，企业盈利则利润全部上缴，亏损损失也由国家和集体承担，缺乏风险承担机制和激励效果。20世纪80年代，我国许多国有企业亏损严重，赢利能力不断下降。从总体上看，国有经济效益偏低且不断下降。放权改革给企业加入了风险分担机制，直接影响了激励效果和经济结果。许多企业开始注重自身效益和长期利益，将资金放在了长期大规模的项目投资上，具有了较强的竞争能力和自主性。放权改革后，企业被赋予了决定自身发展的自主权，各企业间，或各企业代理人行为能力的差异直接导致了各企业经济效益彼此有别。同时，各地政府对本地企业支持能力不同，也导致了企业间发展水平及能力存在差距，这种差异继续扩大了地区间产业分布的不平衡性。

6.4 重庆市电子信息产业发展的案例

6.4.1 研究背景及数据来源

重庆市电子信息产业的发展是在中央—地方权力分配的背景下，由中央—地方政府共同创新空间管治模式，凭借"特殊经济空间"进行体制机制改革，从而带动地方产业发展的典型案例。2008 年，重庆市还不能生产一台笔记本电脑，至今已形成"品牌企业＋代工企业＋零部件企业"的产业网络构架，以及"研发—制造—离岸结算中心"产业全流程体系，这个过程仅用了 5 年时间。内陆城市重庆依托直辖市的政治资源，从中央政府获取了全国城乡统筹综合配套改革试验区、内陆保税港区等多种特殊管治载体，并依托这些载体创新了多种制度环境，快速承接了中国沿海及其他发达国家的产业转移，是值得关注和深入研究的问题。

改革开放四十年来，我国电子信息产业经历了快速发展，与此同时产业的空间地图也在发生了深刻的变化，经历了由珠三角，到长三角、京津冀的变化历程。近年来，电子信息产业向中西部地区转移趋势明显，尤其是重庆市近年来成为了我国重要的笔记本电脑制造中心之一。2010 年前，上海、江苏、广东是我国笔记本电脑制造业的主要分布地区，笔记本产量占全国的 96.38％。而自 2011 年起，重庆和四川成为新的增长点。2013

年，重庆市和四川省笔记本电脑的产量分别达到全国的 20.06% 和 21.69%，上海、江苏和广东的总产量所占比重下降至 51.23%（见图 6-5）。

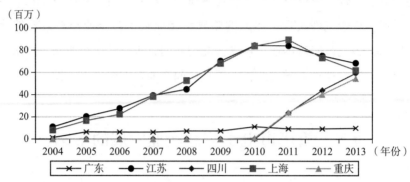

（百万）

图 6-5　笔记本电脑制造业主要分布省份产量（2004~2013）

资料来源：中国电子信息产业统计年鉴 1949~2009. 中国电子信息产业统计年鉴.

自 2008 年，以惠普为代表的笔记本品牌商，以富士康、广达为代表的代工厂相继在重庆开设分厂。重庆计算机、通信设备和其他电子设备产值从 2008 年的 35.1 亿元上升到 2012 年 149.7 亿元，占 GDP 比重从 1.49% 上升到 13.04%。2012 年规模以上企业总销售额和总出口额是 2008 年的 20.40 倍和 214.99 倍（见表 6-8）。

表 6-8　　　　2007~2013 年重庆规模以上计算机、通信设备和
其他电子设备制造业主要项目产值

年份	笔记本出货量（百万台）	笔记本出货额（百万元）	销售额（百万元）	企业数（个）	出口额（百万元）	平均雇员数（人）
2008	0	78.01	71.31	47	5.43	1.63
2009	0	106.44	101.26	51	3.94	2.02
2010	84.81	225.14	215.55	69	33.43	2.87
2011	2 407.39	814.26	810.18	71	470.45	5.91
2012	4 030.57	—	1 455.41	—	1 167.38	—
2013	5 471.06	—	—	—	—	—

资料来源：中国工业统计年鉴 1949~2009. 中国电子产业统计年鉴.

为深入研究地方政府行为导向、地方治理能力与地方产业发展之间的关系，作者于 2009～2014 年间 6 次赴重庆通过深入访谈、问卷调查、电话调查等方式进行深入调研。包括：2009 年 12 月对重庆市人民政府及 11 个相关部门的深度访谈；2012 年 3 月对重庆市人民政府研究室、土地交易所及 4 所高校相关研究部门进行访谈；2013 年 5 月访谈重庆市两江新区管委会并对两江新区内企业进行调研；2013 年 12 月，访谈重庆市发改委、重庆市政府物流委员会、渝新欧（重庆）物流有限公司和重庆西永微电子工业园区，并与惠普（HP）、富士康（Foxconn）、英业达（Inventec）和辛克物流（Schenker）的高管进行了深度访谈；2014 年 6 月在西永微电园、两路寸滩保税港区内对电子信息产业从业人员、劳动力市场及公租房情况进行问卷调研及访谈。2014 年 9 月，调研重庆市经信委、西永保税港区、两路寸滩保税港区、璧山工业园区和永川工业园区，并深入访谈富士康、英业达及其 7 家配套企业（含模具、电脑外壳、电子元器件、泡棉等部件），同时，基于以上 4 个园区提供的 222 家企业信息，对其中的 81 家进行了电话采访。所有的访谈和调查主要围绕两个主要问题展开：不同层级的政府在电子信息产业发展过程中起到了怎样的作用；与其他中西部省份相比，为什么重庆能在短时间内集聚这么多的电子信息产业企业。

6.4.2　"中央—地方"权力分配框架下的特殊经济空间建设与地方产业发展

1. "强势政府"主导下的特殊经济空间建设

在"中央—地方政府"的治理框架下，重庆市作为中国的四个直辖市之一，直接接受中央政府管辖，这为重庆从中央政府争取地方特殊制度环境创造了良好的政治条件。与此同时，重庆在中央政府内具有较为丰厚的政治资源，这些条件使得重庆政府具有较强的政治能力和制度创新意识，在向中央争取地方政治资源，在本地进行制度环境改革中，都扮演着"强势政府"（strong government）的角色。

在政治资源和创新能力的双重作用下，重庆在享受中央"西部大开发"多项优惠政策的同时，也积极从中央政府争取到了多个"平台"，包括：（1）全国统筹城乡综合配套改革试验区（2007 年），被批准在户籍、土地、住房、社保和财政等多个重点领域和关键环节进行制度的率先突破和大胆创新；（2）两江新区（2010 年），是继上海浦东新区和天津滨海新区之后中国第三个国家级新区，享受国家给予新区的相关优惠政策，并在土地、金融、财税、投资、对外贸易、产业发展、科技创新、管理体制等领域赋予先行先试权，允许和支持试验一些重大的、更具突破性的改革措施；（3）两路寸滩保税港区（2008 年）和西永微电园综合保税区（2010 年），重庆成为内陆第一个拥有保税港区城市，享受相关的税收和外汇管理政策。主要为：国外货物入港区保税；国内货物入港区视同出口，实行退税；港区内企业之间的货物交易不征增值税和消费税。

这些"平台"成为重庆制度创新重要的空间载体，重庆市地方政府在权力范围之内，进行了多项有新意的治理模式改革，并对地方产业发展产生了深远影响。以户籍制度改革为例，2010 年 8 月起，重庆以新生代农民工转户进城为突破口，用 1 年时间将 338.8 万人转为城市户口，至 2020 年，1 000 万重庆农民有望变成市民，并通过土地处置、住房保障、养老保险等配套改革为转户农民提供社会福利。实行户籍制度改革后，重庆每年一季度进出口增长达到 70% ~ 80%，之后增速回调到 30% ~ 40%。调研中发现，沿海农民工每年只工作 9 个月，春节前后 3 个月返乡，造成沿海地区企业年底只得停工，节后工人往往又流失一半，对生产力产生极大破坏。重庆 330 多万农民工转户后，春节七天假、节后照常上班。沿海企业为了保订单、降成本，春节前后纷纷把订单拿到重庆，其中一半订单最终留了下来。这是户籍制度改革带来的红利，也是重庆地方政府改善产业发展环境的重要治理手段。此外，在土地制度、税收制度等多个方面，重庆市均进行了相应的改革。这些改革显著提升了重庆市政府的空间治理能力，创造了与中西部其他省份差异化的治理环境，改善了本地的经济发展条件，从而带动了地方产业发展的积极响应。

2. "强势政府"引进品牌企业并培育配套产业链促进电子信息产业快速发展

与珠三角、长三角不同的是，重庆市电子信息产业的发展，是地方政府有目的性的进行全产业链培育的结果。地方政府从零基础开始，首先进行知名品牌商和大型代工企业的引进，随之培育为品牌商和代工企业配套的本地生产网络，从而实现了电子信息产业链从无到有的快速发展。

在重庆市计划发展电子信息产业之初，就率先将招商的目标瞄准了全球笔记本电脑的第一品牌惠普。2009 年，惠普正在全球选择新的制造业增产地，印度、马来西亚、印尼以及中国的一些城市都进入了候选的名单。重庆作为没有电子信息工业基础的内陆城市，不具备竞争优势。时任市长黄奇帆亲自去美国惠普总部谈判，承诺三年内重庆本地配套率达到 80% 以上，大大降低零部件运输的物流成本，通过保税港区、国际机场、渝新欧铁路的优化交通区位条件，抵消重庆作为西部内陆城市的劣势。与此同时，重庆还向惠普提供了一系列的优惠条件，包括税收减免、承诺每年政府采购 10 万台笔记本电脑等。在此背景下，惠普在重庆试点了 130 万台产量的内销工厂后，决定将 4 000 万台产能的笔记本电脑生产基地落户重庆，实现了重庆发展电子信息产业的第一个重大突破。

惠普入驻后重庆市政府开始引进代工厂商。富士康作为垂直整合 (vertical integrate) 能力最强的代工商成为首选。2009 年 8 月，惠普和富士康分别在西永建立笔记本电脑基地。在重庆市政府的努力下，中央同意在重庆设立两路寸滩和西永两个保税港区。保税港区的建立，吸引了众多笔记本电脑厂商的进入（见图 6 - 4）。2010 年，广达和英业达分别在重庆建立生产基地。2011 年，华硕成立全球电脑生产基地暨中国第二营运总部，纬创、仁宝、和硕、宏碁随后入驻。2012 年东芝在重庆设立分公司。至 2013 年，四大品牌商笔记本电脑产量超过 6 000 万台，其中惠普 2 300 万台，宏碁 1 800 万台，华硕 1 100 万台，东芝 1 000 万台，分别占其全球出货量的 65%、100%、82% 和 100%。

除四大品牌厂商和六大代工厂商外，至 2014 年 8 月，重庆已签约笔电配套企业 864 家，其中 595 家已经投产。2013 年，已投产企业实现产值 493 亿元，规模以上企业达到 316.6 亿，分别比上年同期增长 29.9% 和 32.4%。产品类型包含显示模组、电池及电池芯、机壳、散热器等战略物资生产企业 25 家，PCB、电源适配器、转轴、连接器、键盘等关键零部件企业 434 家。除集成电路（IC）、硬盘、内存等外，86% 的零部件均可在本地生产（见图 6-6）。至 2012 年，重庆市计算机、通信设备和其他电子设备产值从 2008 年的 35.1 亿元上升到 149.7 亿元，占 GDP 比重从 1.49% 上升到 13.04%；规模以上企业销售额和出口额分别达到 14.55 亿元和 11.67 亿元，分别是 2008 年的 20.40 倍和 214.99 倍。

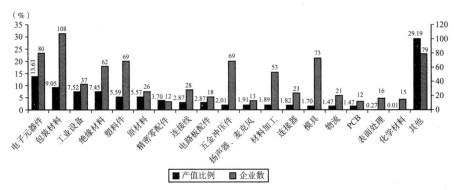

图 6-6　截至 2014 年 8 月笔电配套企业各产品枢纽产值和所占比例

资料来源：重庆市经信委调研数据。

6.4.3　重庆市地方政府行为能力与治理工具创新带动本地产业发展

在获得中央给予的多个"平台"后，重庆市地方政府积极创新制度环境，在降低企业成本、扩大市场规模、培育供应链发展上，起到了至关重要的作用，有效地带动了本地电子信息产业的发展。主要体现在：劳动力供给、产业配套能力、物流（区位）情况、公共服务配套能力、税费及资金补贴以及政府的服务能力等方面。

1. 丰富劳动力供给，稳定劳动力价格

劳动力资源和劳动成本是所有受访企业落户重庆时最为看重的要素之一。首先，劳动力供给的稳定性直接影响企业运转。针对一线工人而言，笔记本电脑代工厂商用工量大，淡旺季节性强，流动性高，对劳动力的供给较为敏感。如重庆富士康淡旺季用工规模在 2.5 万～3.5 万人之间浮动，在岗职工月离职率达 6%～10%，招聘压力较大。为保证企业用工稳定性，重庆市政府通过补贴中介机构、劳务公司以及调动学校资源等多种渠道，积极向企业提供劳动力资源，并努力优先满足重点企业的用工需求。如重庆市政府某工作人员在访谈中说："重庆市人力资源和社会保障局设立了信息产业办公室，通过中介或由中介委托重庆市内的劳务公司帮助电子信息企业招工，有时候也会到贵州等省份去招。政府会按照招工的数量对中介公司进行资金补贴，比如帮电子信息企业招到一个工人补贴一两百，这个工人工作第二月再补贴几百，工作第三个月再补贴。这样既能保证工人数量，又能促进稳定就业。在一些重点企业里，有近三分之一的一线工人是由中介输送的。"随着电子信息产业的发展，调查中已经发现有大批流动人员从沿海地区返乡务工。富士康员工有 80% 以上来自于重庆本地，12% 左右来自于四川和贵州等地。与此同时，企业一线工人的另一个重要的构成是本地职业学校的实习生。在用工旺季（10～11 月），企业内近 40% 左右的一线工人来自于实习生。重庆市共有 32 所高级职业技术学校，其中有 15 所开设电子信息类专业。政府促成学校与企业签订了定向实习协议，学生们一般在暑假期间（7～8 月）进入工厂开始接受培训，1～2 个月之后企业进入生产旺季，旺季结束后学生结束实习。大批稳定的、有弹性的学生资源有效缓解企业的季节性用工难题。

针对研发人员及技术型劳动力而言，重庆市高等教育资源丰富，共有高等院校 60 所。其中，重庆大学、重庆邮电大学等知名高校的计算机、通信等专业全国知名。早期，多数毕业生"孔雀东南飞"至沿海地区从事相关行业的工作，近年来很多人带着沿海地区的工作经验和技术，回到重庆发展。如圣美精工的一位管理人员说："我就是重庆人，在广东的总公司工作了12年。现在重庆分厂里，从苏州、东莞分厂调过来的人基本都是家在重庆的人，都是中层技术骨干。两年前我们工厂准备到重庆设厂的时候我就一直申请回来，等了两年才轮到我。前面好多人都回来了。"为吸引当地人学就生，富士康等企业都在校园招聘中面向毕业生开设"渝才班"等人才培养项目，实行了"渝才渝用"的人才本土化战略，以期快速培养本土化、科技化的优秀基层技术及管理干部。

其次，劳动力价格低廉可为企业节省大量成本。由于生活成本相对较低，重庆一线工人工资比沿海地区低30%，而对研发人员而言，则仅有沿海地区的1/2左右。如某通讯科技公司经理介绍："我们在广州和重庆都有分公司，现在研发部在重庆，员工基本都是重庆邮电大学的毕业生。一般同水平研发人员在北京、上海、广州等地的工资在三万左右，但是在重庆，给一万五的工资员工就已经非常满足了。"重庆市市长黄奇帆指出，重庆市成功的重要原因之一是稳定了房价，主要通过两个措施实现，一是控制楼面地价不得超过房价的1/3，二是房地产投资占全社会固定资产投资比重不得超过30%，从而控制了房产部分的生活成本支出。

2. 从品牌商、代工厂商和供应商等多个方面完善配套生产链建设

重庆市电子信息产业的引进最初是由从地方政府主导的。2009年前，重庆市的主要支柱产业为汽车和摩托车制造业，工业增加值占全市GDP的30%以上。历经金融危机后，面对相对单一的产业形态，重庆市政府提出发展新的产业门类。对产业门类的选取主要有四个标准：第一，产品更新换代速度快；第二，可以面向全球出口；第三，属于消费类产品；第四，产品对物流不敏感，物流成本要低于制造总成本的3%。同时，重庆市政府研究发现，2008年金融危机期间全球从原材料工业、装备工业到一般消费品电子产业，市场几乎都萎缩了30%~40%，但笔记本电脑销

售量逆势上涨了 20% 以上。由此，笔记本电脑制造业成为了重庆市的首选，政府开始通过各种途径，引入品牌厂商和代工厂商。

除了积极引入上游厂商外，重庆市政府也十分重视配套企业建设。最初吸引厂商进入的一个前提条件是重庆市政府承诺三年内本地配套能力达到 80%，否则政府将对差额部分提供补贴。为提升配套能力，重庆地方政府一方面大力吸引和扶持长三角、珠三角的配套厂商在本地发展；另一方面也帮助本地原有的汽车、摩托车电子企业向电子信息产业发展。截至 2014 年 8 月，重庆共有 864 家零部件工厂，总产值达到 250.47 亿，为重庆笔记本生产提供了 85% 的配件。访谈发现，大多数配套企业在珠三角建厂后，"北上"将重心转移到长三角，近期又开始"西进"入驻重庆、成都、西安、武汉等中西部省份。其迁移原因最主要是受上游代工企业的吸引和影响，每个代工企业能够带入本地约 200 家左右的配套企业，如本地的珠三角籍企业多由富士康带入，长三角籍企业多由广达、英业达等带入。与此同时重庆市政府对部分重点配套企业也提供了税收、补贴、代建厂房等多重优惠条件吸引其入驻。

3. 优化内陆型区位条件

重庆作为中西部地区的内陆城市，运输时间长、运输成本高一直是困扰厂商的问题。为改善区位条件，优化交通环境，重庆市政府利用政治资源和管治能力，积极向中央政府申请资源，对本地的铁路、航空、公路等交通条件均进行了优化。铁路方面，重庆市政府、经信委、物流办等职能部门联合推进，利用行政资源获得国家铁道部、海关总署的支持，于 2012 年 4 月重庆交运集团与中铁、俄铁、德铁、哈铁合资组建了"渝新欧"平台公司，贯通了"渝新欧"国际铁路联运大通道，实现了从重庆团结村经铁路运输至德国杜伊斯堡，运行时间比铁海联运（经深圳）或江海联运（经上海）节省了约 20 天。虽然初始运费高于水运，但重庆市政府通过给予代工企业优惠运价的方式，基本能够保证由于时间缩短带来的库存费用和面板跌价费用减少，可以抵消运费的增加。目前，富士康等企业的欧洲出货基本已经通过渝新欧运输。

航空方面,至 2013 年重庆江北国际机场已经开通至芝加哥、纽约、阿姆斯特丹、悉尼等国际(地区)货运航线 19 条,高峰时期每周起降全货机超过 40 架次,国际货邮量达 8.5 万吨,居中西部地区第一位。同时,两路寸滩保税港区和航空物流园区无缝衔接,是全国唯一国际货站位于保税港区内的机场。公路方面,2013 年重庆市实现"二环八射"的高速公路网,尤其是主城区西南方向的多个电子信息产业园区间交通条件十分便利。

4. 积极配套公共服务设施,灵活财税政策对企业进行补贴

第一,通过工业园区内基础设施快速建设,企业厂房配套建设,员工宿舍配套建设为企业提供良好的公共服务设施环境,控制企业沉默成本投资,扶持企业发展。与此同时,针对企业中高层及新毕业大学生的群体,重庆市政府进行了大规模的公租房建设,2010 年以来,建设公租房约4 000 万平方米,每平方米租金 10 元/月,为大批企业的中高层管理干部和毕业大学生解决了住房问题。

第二,灵活财税政策,通过各种方式对企业进行补贴。主要包括以下几种形式:(1)税收返还,重庆市政府及下级区县政府为招商引资,对于重点企业或核心战略物资供应商会承诺将地方留成的税费部分对企业进行部分或全部返还;(2)产量补贴,为吸引企业将订单从沿海转移到重庆,重庆市政府会提供产量补贴,如生产一台笔记本电脑补贴 2 ~ 3 元;(3)物流补贴,在代工企业进驻初期,重庆市政府曾为其指定的尚未转移到重庆的核心战略物资供应商、关键零部件供应商提供物流补贴,即凡被代工厂商列入名录内的企业,均可将供应给重庆的零部件统一送至重庆指定的物流公司,免费运往重庆。重庆市政府还承诺如企业迁至重庆,则在其产能未能达到盈亏平衡点前,销往全球的零配件产品高出从上海等沿海地区输出的物流成本,将由重庆市组织相应资源予以补贴。据调查,这些零部件厂商基本都已经在投资期结束后,快速跨越盈亏平衡点。仅有个别厂商在投资 3~4 年后，因规模不够仍然亏损，当地工业园区将会从笔记本电脑产业税收中给予调配支持。

5. 不断强化政府服务意识，提升服务效率

首先，作为直辖市政府，与一般地、市甚至省一级政府相比，重庆市拥有更大的治理空间和治理权力。如重庆市经信委某工作人员指出："当企业去四川省的时候，省里可能会说你们去找成都市政府谈吧；但是如果企业来重庆，我们会直接高效率地安排与我们的主管部门甚至市长见面会谈。"另一方面，在区县或开发区层面，通过自由竞争的方式，使得各区县政府及开发区管委会努力为企业提供更好的生产条件以获得产业的发展。

其次，政府人员年轻化、知识化，服务意识和服务效率较好。近年来，重庆市政府通过人才引进项目优化了行政人员结构，行政人员的服务意识突出。调研中重点企业均表示市经信委相关办公室、其所在的区县政府、开发区政府的办公人员会定期发邮件、打电话询问企业发展情况，关心企业是否遇到难处和问题。如企业提出要求，一般会在三个工作日之内得到积极回复。

6.4.4 地方政府行为能力对地方产业发展具有深刻影响

重庆案例研究表明，第一，与新自由主义强调自由市场的重要性不同，国家和政府的治理手段能够有效引导地方产业的发展。重庆电子信息产业从无到有的发展，并非市场机制作用的结果，而是重庆市政府有针对性地通过提供各种优惠政策，创造良好的经营环境，吸引品牌厂商、代工厂商，并积极培育本地供应商，从而逐步建立本地电子信息产业集群的结果。

第二，纵观西方学界关于政府治理的理论，非马克思主义和马克思主义对于国家治理的理解相对狭隘和片面。福柯的理论对国家空间治理的定义相对广泛,强调了空间治理具有多种手段,与我国的治理模式有相似之处,但并不能完全解释中国多样化的治理模式。一方面,我国的治理结构包含中央政府和地方政府等多个层次,各层次在行为能力和权力空间均有所不同,存在着不同程度的竞争和合作关系。同时,受中国特殊的政治、行政和文化因素影响,不同级别政府的行为空间和治理能力也具有差异。各地政府为获得更多权利,对于具有制度先行先试能力的"特殊经济空间"非常热衷。另一方面,改革开放以来,中央政府对地方政府的放权大大提升了地方政府的治理能力,允许地方政府通过调节财税杠杆、土地、劳动力等要素进行地方治理模式的创新。这一背景使得一个国家内部不同的地域空间,也可以通过多样化的制度模式组合,形成各具特色的治理格局。如深圳模式、温州模式、重庆模式等。

第三,在"新区域主义"的背景下,"地方"可以通过创新本地治理模式,创造独特的制度环境和文化资源,增加本地"黏性",提升产业响应能力,积极嵌入全球生产网络。以重庆为例,凭借直辖市"强势政府"的政治资源和行政能力,重庆市从中央政府获得了多个特殊管治类型的平台,并依托这些平台在户籍制度、土地制度等诸多方面进行了突破性的改革。这些改革升了重庆市政府的空间治理能力,创造了与中西部其他省份差异化的治理环境,改善了本地的经济发展条件,从而带动了地方电子信息产业从无到有的发展。

6.5 小　结

分权化、民营化是导致我国地方制造业空间格局发生变革的重要因素。通过财政分权和行政分权,我国实现了"松绑式改革",完成了"中央向地方下放权力,政府向企业放权让利"的改革进程,扩大了地方管理权和企业的自主经营权。综合来看,财政权力下放使地方政府开始有了十分明确、独立的经济利益和目标行为;行政权力下放大幅度提升了地方政府的行政能力。在这种背景下，各地方政府纷纷根据本地的资源禀赋条件开展了制度改革的摸索和创新，许多地区实现了经济腾飞。但先进制度方式并不具有普适性，由于各地方政府创新能力、行政能力不均衡，各地区制度创新程度和改革实施力度不均等，辅以不同地区资源禀赋、区位、市场等经济发展条件具有差异性，最终导致了地区间经济发展能力存在差异，区域内部不同城市制造业空间分布不均衡。

第 7 章

土地制度改革对制造业
空间变化的影响

7.1 我国土地制度变革历程

1949 年以来,我国土地制度经历了翻天覆地的变革,并对制造业空间分布产生了十分重要的影响。总体来看,关系到国家长期发展的土地政策改革可主要划分为三个阶段:

7.1.1 第一阶段 (1949 ~ 1978 年):土地国有,无偿划拨使用且不可转让

新中国成立初期,存在三种土地所有制形式:即私人所有、国家所有和乡(村)公有。1956 年开始,为了提高工业化水平,我国开始对工商企业进行社会主义改造,通过赎买政策,将私营企业拥有的包括土地在内的财产转为了国有。到 1958 年社会主义改造完成初期,城市内 90% 以上的土地已国有化。这一时期,城市国有土地由国家以行政配给的方式划拨给各机关、团体、单位或居民无偿、无限期使用。城市国有房地产不能擅

自买卖、出租、转让，必须由国家统一调配使用。当时我国经济建设的主要任务是尽快实现工业化，完成由农业社会向工业社会的过渡，新中国的土地制度实现了由政府无偿、无限期、无流动的配置土地资源，确立了以优先保障工业化用地需求为宗旨的计划经济的政府垄断土地制度。

这种划拨式的土地行政配置机制，虽然为社会主义建设做出了一定的贡献，但由于土地使用权和土地所有权相互分离，土地不能流通转让。在这种情况下，土地不具备本身的价值，政府与企业仅仅将企业看作生产要素的一部分，而非具有价值的商品（Ding，2003）。同时，由于建国初期我国工业化程度较低、工业企业数量有限，因此优先发展工业是当时的国家发展战略。优先保障工业用地及土地无偿使用两项政策使得企业诸多工业企业在中心城区大面积占地，导致土地利用效率低下，功能布局混杂，土地级差地租效应未能得到体现（Dowall，1993；Li，1999），许多大城市工业用地比例严重偏高。如 20 世纪 70 年代上海的黄浦、卢湾、静安三大中心城区工业用地占 30% 左右。而北京城近郊区仅占全市土地面积的8.1%，却集中了全市工业产值的 75%，城区、近郊区、远郊区的工业产值密度①比例达到了 153∶26∶1。

7.1.2　第二阶段（1979～1997 年）：土地出让制引入，储备制度试行

随着改革开放的不断深入，原有与计划经济相适应的城市土地单一供给模式越来越不利于城市的建设和发展，城市土地的国有划拨制开始发生变迁。土地有偿使用的最早尝试首先从征收外资和中外合资企业土地使用费开始。1981 年深圳率先推行土地有偿有期限使用，至 1988 年颁布的《中华人民共和国城镇土地使用税暂行条例》规定开始按土地不同等级征收土地使用税。自此，我国通过土地使用税形式进入了土地有偿使用的轨

---

①　工业产值密度＝工业产值/土地面积。

道。1987 年，深圳经济特区又首次将土地使用权引入市场，通过协议、招标、拍卖三种形式，将三幅土地按 50 年的期限出让。此后，我国沿海一些城市如上海、福州、厦门等开始相继进行土地使用权转让试点。1990 年颁布的《中华人民共和国城镇土地使用权出让和转让暂行条例》，全面结束了土地无偿、无限期、无流动的使用制度，土地出让制作为一项基本的城市土地使用制度以法律的形式严格确立起来。此后，为了保护有限的土地资源，避免土地市场混乱和隐形土地市场的存在，部分城市开始土地储备的试点改革。

这一时期，随着土地有偿使用制度的逐步建立，级差地租成为影响制造业布局的重要因子。城市中心区单位土地面积产出较低的工业企业，特别是传统工业企业越来越难以适应中心区高昂的土地价格，土地置换压力空前增加。城市郊区由于土地价格低廉，对企业吸引力逐渐增大。市区传统工业企业外迁，极大地提高了市区工业用地利用效率。1991～1997 年，上海市区工业用地总面积由 4 022 万平方米减少到 3 402 万平方米，单位工业用地面积的产值由 2 240 元/平方米上升到 4 522 元/平方米，产出效益提高了一倍多（刘薰词，2000）。

7.1.3 第三阶段（1998 年至今）：市场化不断深入，宏观调控体系初步建立

1998 年颁布的《国有企业改革中划拨土地使用权管理暂行规定》，对国有划拨存量土地，规定根据企业改革的不同形式和具体情况，可分别采用国有土地使用权出让、国有土地租赁、国家以土地使用权作价出资（入股）、授权经营和保留划拨用地方式予以处置。丰富了土地使用权转让模式。2001 年颁布的《关于加强国有土地资产管理的通知》标志着土地使用权出让开始向政府统一收购、储备、整理，然后通过招标、拍卖、挂牌出让的方式转变，新的土地供应制度逐步确立，市场化不断深入，土地使用权出让方式进一步规范和透明。2004 年颁布的《国务院关于深化改革

严格土地管理的决定》进一步强调，我国要实行最严格的土地管理制度，健全土地节约利用和收益分配机制，建立完善土地管理的责任制度。此后，我国上收了地市县政府土地管理的权力，实行以省为单位的土地垂直管理；设立国家土地总督察办公室，向地方派驻土地督察局。自 1998 年以来，我国土地使用权市场化程度不断深入，土地使用权市场流转范围进一步扩大，行为日趋规范，土地宏观调控体系基本建立完成。

同时，这一时期东部和沿海地区兴办开发区也已经取得了明显的成效，不少经济技术开发区、高新技术产业开发区等已经成为了地区经济新的增长点。各类开发区通过税收、土地等方面的优惠政策，吸引了大批的制造业企业。致使我国特大城市中城区内部的工业用地大幅减少，在政策引导下，受开发区税收等方面优惠政策吸引，城区内大部分传统工业企业搬迁至开发区。

7.1.4　土地制度改革的核心内容

自 1978 年起实行的土地制度改革所涉及的内容很多，本书作者认为以下三个方面对制造业空间变化产生了重要影响：

第一，土地价格由无偿划拨向有偿使用转变①。土地出让制作为一项基本的城市土地使用制度以法律的形式严格确立起来。随着土地有偿使用制度的逐步确立，土地价格和使用权转让开始发挥作用，级差地租逐渐成为影响制造业布局的重要因子；

第二，城市总体规划和土地利用总体规划成为引导城市用地发展方向和制约土地供给的法定规划。这使得工业布局从严格计划走向了规划管理，在保持一定空间选择弹性的同时约束了制造业空间分布的可能范围。特别

---

①　1981 年，随着外资企业进入中国，深圳率先推行土地有偿有期限使用，1988 年颁布的《中华人民共和国城镇土地使用税暂行条例》规定开始征收土地使用税。1990 年出台的《中华人民共和国城镇土地使用权出让和转让暂行条例》，全面结束了土地无偿、无限期、无流动的使用制度。

是，规划区内严格管理与规划区外相对宽松的区别，以及城市下属区县乃至乡镇政府之间吸引投资的竞争，对制造业空间转移产生了重要影响；

第三，农村集体用地①的管理与耕地的严格保护。改革开放之初，为鼓励乡镇企业的发展，我国对农村集体土地转为工业用地采取了较为宽松的管制。在一些地区，"村村冒烟"成为一个突出的工业现象，在一定程度上改变了这些地区的工业空间分布。20世纪90年代中期开始，我国加大了对农村土地的管理力度，通过多种措施控制农用地向建设用地的流转。1998年出台的《基本农田保护条例》以及同期修改的《土地管理法》，要求省区市将耕地总面积的80%以上划为基本农田，实行最严格的管理和保护。严格的耕地管理制度，以及近年来对各类开发区的整治，在很大程度上抑制了工业"遍地开花"的态势。

总体上，过去三十年，我国土地制度经历了由计划转向市场的巨大变革。伴随这个变革，工业用地由无偿划拨使用转变为以有偿方式获得使用权，土地供给从一个工业布局很少考虑的因素变为影响工业空间分布的重要因素。因此，本书作者认为，土地制度的变革对改革开放以来我国城市内部制造业空间变化产生了深远的影响。下文以北京市为例，进一步阐述土地制度对制造业空间变化的影响。

7.2 案例区域及研究方法

7.2.1 研究区域

北京市域面积16 800平方公里，2010年全市共有人口1 961万人。

---

① 依照《中华人民共和国土地管理法》，可将土地按照用途分为农用地、建设用地和未利用地三类。其中，农用地指直接用于农业生产的土地，建设用地指建造建筑物、构筑物的土地，未利用地指农用地和建设用地以外的土地。

北京现辖 16 区。为了研究需要和口径统一,本节按照 3 种方法将研究对象分区。(1) 行政区圈层分区:根据传统界定方法,将北京行政区域划分为中心城区(东城、西城 2 区)、近郊区(朝阳、海淀、石景山、丰台 4 区)和远郊区(门头沟、房山、昌平、顺义、通州、大兴、平谷、怀柔、密云、延庆 10 区)三个圈层;(2) 环路圈层分区:将北京划分为二环路内、二三环间、三四环间和四环外;(3) 网格分区:将研究区划分为 2 千米 × 2 千米的网格。

7.2.2　数据来源

对北京市制造业空间变化情况的分析采用 1985 年和 2004 年北京市大中型企业数据①以及 2008 年区级数据。同时,本节的分析还结合了作者对 299 家 1985 年前成立的北京市大中型企业进行的电话访谈,以及作者于 2007 年 4 月至 2009 年 6 月间对北京市 24 家单位进行的走访调研(包括政府部门、开发区管委会和部分制造业企业)所获取的一手资料。

1985 年数据情况来源于第二次全国工业普查资料(见表 7 - 1),2004 年和 2008 年数据来源于第一次全国经济普查资料。原始数据具有企业地址、企业资产总量、企业工业产值和企业职工数量等属性。1985 年大中型制造业企业样本数量 334 个,占全部制造业企业数量的 8.2%,资产总量 117.2 亿元,占 78.2%,完成工业产值 200.6 亿元,占 65.5%。2004 年大中型制造业企业样本数量 496 个,占全部制造业企业数量的 1.6%,资产总量 243.08 亿元,占 72.3%,主营业务收入 4 087.4 亿元,占 68.4%。2008 年大中型制造业企业样本数量 651 个,占全部制造业企

---

①　大中型企业:按照 2003 年新颁布的分类标准,大型企业指职工数 2 000 人及以上,或年销售额 3 亿元及以上或资产总额 4 亿元以上的企业。中型企业指凡同时满足职工人数 300 人及以上,销售额 3 000 万元及以上,资产总额 400 万元及以上,但有一项或几项不满足大型工业企业标准要求的,即为中型企业。

业数量的 2.2%，资产总量 16 918.5 亿元，占 67.6%，完成工业产值 7 899 亿元，占 73.9%。虽然三个时段我国对于大中型企业的划分方式不同，但三时段样本占全部制造业企业的资产总量、产值量比重相当，因此样本具有较强的可比性。

表 7-1　　　　　　　1985 年和 2008 年北京市大中型企业数据情况

年份	企业数量		企业资产总量		企业工业产值	
	大中型企业（家）	大中型企业所占比重（%）	大中型企业（百万元）	大中型企业所占比重（%）	大中型企业（百万元）	大中型企业所占比重（%）
1985	334	8.2	11.72	78.2	20.06	65.5
2004	496	1.6	243.08	72.3	408.74	68.4
2008	651	2.2	1 691.85	67.6	789.9	73.9

资料来源：由第二次全国工业普查资料和第一次全国经济普查资料数据整理计算而得。

7.2.3　研究方法

首先从 1985 年、2004 年和 2008 年北京市制造业企业数据库中剔出具体位置不明确的单位；其次，基于 ArcGIS 平台以北京市街区矢量图作为基础制作 1∶100 000 底图，根据每个企业的详细地理位置，将统计数据转化为空间数据，并对照 2008 版北京市地图，对空间数据的准确性作抽样检验；再其次，分别提取三个时间段中每个企业单位的空间坐标，将其与街区数据、环路数据、开发区范围数据分别匹配，查询并计算落在每个地域范围内的企业单位数、企业从业人员数和企业工业总产值属性；最后，对比分析 1985 年、2004 年及 2008 年的数据结果。

同时，为了追踪企业的再选址过程，本书作者查询了 1985 年的 334 家大中型企业的网络平台，获取了企业联系电话。除 10 个企业无信息显示, 25 家企业已经倒闭外, 作者对其中的 299 家企业进行了电话访谈, 获取了企业的选址及再选址信息。同时, 结合数据分析及作者对 24 家单位进行的走访调研情况, 得出北京市制造业空间分布特征, 并分析土地制度对制造业空间分布的影响。

7.3　北京市制造业空间分布的演变特征

1985～2004 年, 北京市制造业企业由 4 753 家增至 31 671 家。其中, 大中型企业由 334 家增加至 496 家, 2008 年, 制造业企业总数达到 29 287 家, 其中大中型企业为 651 家。研究发现, 北京市制造业企业空间分布在不断郊区化的同时, 也呈现了向特定区域集中的趋势。

7.3.1　制造业分布不断郊区化

研究期内北京市制造业企业的分布呈现了远郊区大幅增加, 中心城区及近郊区急剧减少的态势。1985 年, 60% 以上的制造业企业分布于近郊区, 远郊区仅占 19%。中心城区工业产值密度较高, 以全市 1% 的土地面积承载了 21% 的企业, 吸纳了 15% 从业人员, 创造了 14% 的工业产值。到 2004 年, 52% 以上的企业分布于远郊区, 比例上升了 33 个百分点。近郊区企业个数、从业人员数和产值所占比例①分别下降了 18.75、14.76 和 18.43 个百分点, 到 2008 年, 超过 86% 的企业分布于四环外的远郊区 (见表 7 - 2)。

---

①　企业个数所占比例变化 = 1985 年分布于郊区的大中型企业个数/1985 年大中型企业总数 - 2004 年分布于郊区的大中型企业个数/2004 年大中型企业总数。从业人员数所占比例变化和产值所占比例变化采用同样的计算方法。

表 7 - 2   1985～2008 年北京市制造业分布变化情况

区域范围		企业个数比例（%）			从业人员数比例（%）			工业产值比例（%）		
		1985 年	2004 年	2008 年	1985 年	2004 年	变化百分点	1985 年	2004 年	变化百分点
圈层	中心城区	20.96	6.55	—	15.17	5.32	-9.85	13.89	4.19	-9.7
	近郊区	60.18	41.43	—	66.48	51.72	-14.76	60.86	42.43	-18.43
	远郊区	18.86	52.02	—	18.36	42.95	24.59	25.25	53.39	28.14
环路	二环内	13.47	4.43	3.53	9.3	4.37	-4.93	9.79	2.03	-7.76
	二三环间	20.36	4.82	4.60	16.84	3.63	-13.21	15.19	3.64	-11.56
	三四环间	24.25	10.6	5.38	19.65	10.94	-8.71	20.32	10.49	-9.84
	四环外	41.92	79.96	86.48	54.21	81.06	26.85	54.7	83.85	29.15

资料来源：根据 1985 年北京市第二次全国工业普查资料，2004 年北京市全国第一次经济普查资料整理计算而得。

北京市制造业郊区化主要体现在两个方面：第一是老企业腾退中心城区用地，向远近郊区搬迁。至 2004 年，1986 年前成立的 299 家企业中，有 41 家企业已整体搬迁至远近郊区，126 家企业保留了部分中心城区的厂区用地转为企业管理部门或经营部门，将生产部门迁至郊区，68 家企业将原有厂区转为商业用地或居住用地，仅保留了企业的管理和经营部门，将生产部门外包，或在远近郊区、外省市成立分厂，仅有 64 家企业仍在原址，这些企业中的绝大多数原本即分布于远近郊区。第二是新成立企业多选址于远近郊区。2004 年的大中型企业有 396 家成立于 1986 年之后，其中 337 家选址于远近郊区，占总量的 85.5%。分布于四环以内的制造业企业仅有 57 家，且多为食品制造业、印刷业、电子制造业等。

7.3.2 形成专业化集中分布区

1985 年，北京市 58.08% 的制造业企业分布于四环路内，占据着城区不少内黄金地段。虽然多数大中型工厂毗邻相连，但相互协作关系不多。

为工业区配套保留的基础设施用地和绿化用地大多被挤占。2004 年，四环路内制造业企业所占比例下降到 20.04%，从业人员数比例降到 18.94%，全市制造业从业人员密度变化明显。与此同时，在城郊地区初步建成了以电子信息、汽车、光机电、生物工程与医药、都市型工业、石化新材料为重点的制造业产业基地。总体呈现了"大分散、小集中"的分布形式。从各区县制造业分布的比例变化来看，1985～2004 年朝阳区、丰台区呈明显的下降趋势。尤其是朝阳区，企业个数、从业人员、工业产值比例分别减少至 11.91、10.88 和 12.68 个百分点。随着中心城区企业不断向外搬迁和远近郊开发区的建立发展，大兴和顺义成为吸纳制造业企业的主要区域，其企业个数分别增加了 9.62 和 7.58 个百分点。从各街道制造业从业人员密度来看，大兴区亦庄镇、房山区城关街道、丰台区长辛店街道、石景山区五里坨街道、昌平区沙河镇、顺义区天竺街道、朝阳区酒仙桥街道、朝阳区双井街道等成为制造业高度密集地区。

7.3.3　开发区已成为制造业的主要载体

截至 2006 年年底，北京市共有开发区 28 家，规划工业用地面积 65.07 平方公里。根据 2004 年经济普查数据，各类开发区已吸纳了北京市 49.33% 的大中型制造业企业和 53.82% 的从业人员，创造了 64.66% 的工业产值。2006 年，开发区中的电子信息产业、汽车及零部件制造产业、机电产业、生物工程和新医药产业等四大产业的工业总产值占全市的比重分别达到 87.74%、43.95%、42.74% 和 70.14%（北京统计年鉴，2007）。

7.3.4　制造业空间结构模式演变

根据上述变化特征，我们可以归纳出北京市制造业空间格局经历了"极核式—圈层式—点轴式"三个阶段（见图 7-1）。1949 年之后的一段时期，大部分制造业企业分布于城市中心地区，形成"极核式"。1978年后，随着土地制度改革，小部分制造业企业开始向郊区搬迁，集聚于某些特定区域。1995年后，位于中心城区的制造业企业开始大规模"退二进三"。此后，伴随着基础设施的不断完善和开发区的成立，逐渐形成了"点轴式"的发展模式。至今，绝大多数制造业企业沿高速公路分布于开发区内。

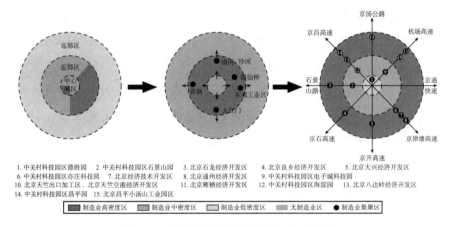

1. 中关村科技园区德胜园　2. 中关村科技园区石景山园　　3. 北京石龙经济开发区　4. 北京良乡经济开发区　　5. 北京大兴经济开发区
6. 中关村科技园区亦庄科技园　7. 北京经济技术开发区　　8. 北京通州经济开发区　9. 中关村科技园区电子城科技园
10. 北京天竺出口加工区、北京天竺空港经济开发区　11. 北京雁栖经济开发区　12. 中关村科技园区海淀园　13. 北京八达岭经济开发区
14. 中关村科技园区昌平园　15. 北京昌平小汤山工业园区

■ 制造业高密度区　■ 制造业中密度区　□ 制造业低密度区　▨ 无制造业区　● 制造业集聚区

图7-1　北京市制造业空间结构模式演变

资料来源：本书作者总结绘制。

7.4　土地制度变革对制造业空间变化的影响

7.4.1　土地使用

制造业郊区化的直接诱因是土地价格从无偿到有偿的变化。理论意义上，土地利用趋向于能够产生最大经济收益的方式。根据阿郎索提出的竞租曲线原理，离市中心越远，土地使用者的信息成本、与客户接触成本、

交通及运输成本越高，企业或个人愿意为土地支付的地租就越低。在城市范围内，商业和办公楼由于靠近市中心具有较高的竞争能力，愿为土地付出的地租较高，随后依次为居住、工业和农业。如图 7-2 所示，商业、居住和工业土地需求者愿为土地支付的地租曲线分别为 R_1、R_2 和 R_3 曲线，当需求者地租曲线与市场地租曲线相切时，企业所能获得的利润最高，土地利用方式最为合理，切点即土地需求者在城市内选址的均衡点。由此，城市土地利用的最优方式即需求者地租曲线的包络线 R。

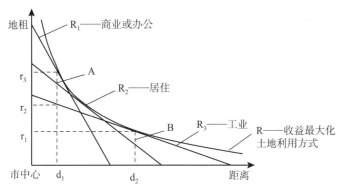

图 7-2　土地利用方式与地租关系

资料来源：本书作者在阿隆索竞租曲线基础上略有改动。

在土地无偿供给阶段，土地价值和级差地租在经济上没有得到体现，国家应得的地租无形流入土地使用单位手中，导致城市中心城区的优区位土地被收益率较低的工业占有，土地资源未能得到优化利用。1990 年后，随着土地有偿使用制度的逐步确立，土地价格和使用权转让开始发挥作用，级差地租逐渐成为影响制造业布局的重要因子。制造业逐渐郊区化并向开发区转移的过程就是高地租土地利用方式（如商业、住宅等）替代低地租土地利用方式（工业）的过程。由图 7-2 所示，当 d_1 地段的工业企业 B 搬迁至 d_2 地段，并将原有土地出让给商业企业 A 时，政府可获得的地租最小增加值为 $r_3 - r_2$，如 d_2 地段原为空地，则政府可通过搬迁工业企业 B 获得的地租最大增加值为 $r_3 + r_1 - r_2$。同时，工业企业可少付地租值为 $r_2 - r_1$。

由于政府可获得高额地租增加值，又可以优化土地利用方式，合理配置土地资源，并有效减少城区内由工业引发的环境污染，因此在制造业郊区化的初期中，政府的推动力是引发制造业企业向远近郊区搬迁的主导因素。1985～1995 年期间，制造业企业向郊区搬迁主要由政府责令强制执行。虽然"保护环境，减少扰民"是最初政府责令制造业企业搬迁的因素之一，但最根本的原因在于土地市场化导致了级差地租的存在，中心区地价远高于郊区地价，政府可以从腾退中心区工业用地转而发展第三产业这一土地置换的过程中获得可观的收益。这一时期，由于土地出让制度尚未健全，工业企业搬迁转让土地的面积较小，地点较为分散，转让资金较少。1988 年北京市拟搬迁三环路内工业企业 100 家，但至 1994 年底仅有 65 家制造业企业进行了搬迁，腾退土地 0.32 平方公里。1995 年后，在政府政策引导下，随着土地市场化的不断完善，制造业企业由中心城区向外搬迁进入了一个新的时期。这一时期大型企业搬迁仍主要依托于政府引导，但随着环境的不断变化，部分中小型企业开始主动寻找新厂址，自发选择迁往郊区的。主要原因有二：第一，中心城区地价由于商业企业进入而迅速攀升，部分小型制造业企业为了获得更大的发展空间和更为低廉的地租而选择搬迁；第二，部分企业为了追随其上下游生产企业而选择搬迁。1995～2000 年，北京市内 97 家企业进行了搬迁并腾退了中心城区用地 2.85 平方公里，是 1985～1995 年这 10 年共腾退用地的 9 倍。2000 年出台的《北京市三四环路内工业企业搬迁实施方案》进一步加速了搬迁过程。2000～2006 年，共计 96 家四环内企业进行了搬迁，腾退用地 3.15 平方公里。

渐进性的土地有偿使用制度改革打破了而原有单纯行政方式的土地管理体制和土地供应方式，引入了市场经济运行机制，使城市土地的区位优势真正得到了体现。级差地租在土地利用方式重组的过程中起到了关键作用。政府推动"退二进三"的过程就是服从级差地租原则的表

现。在此作用下，制造业郊区化过程加速，制造业空间布局不断优化
发展。

7.4.2　土地供给

制造业企业"大分散、小集中"的分布形态主要受到工业用地供给
模式影响。我国城市土地归全民所有，在土地所有权和使用权分离的情
况下，城市土地使用权从土地所有者到土地使用者的转移需交由国家政
府这一产权主体的代理人进行控制，因此政府对城市土地供给的管理具
有垄断性。政府通过城市总体规划和土地利用总体规划等法定规划决定
工业用地的供给区域、供给数量、供给时间，从而直接影响制造业企业
的布局和发展。政府通过控制工业用地的供给范围，引导制造业的发展
方向，使得城市内重大用地项目得以协调，城市土地使用趋于合理化和
集约化。用地供给规划的制定依据众多因素，如地质条件、空间发展战
略，以及特殊政治需要等。以北京为例。（1）地质条件。北京西北部多
为山区，拥有大量文化遗产，也是北京的绿色屏障和主要水源保护区。该
区域的发展应以生态和环境保护为前提，控制大规模的人口和产业集聚。而
东部、南部平原地区是城市产业发展的主要方向。因此制造业向城市东部和
东南部集聚是受地质条件限制和土地供给区域引导这两个因素双重影响的结
果（见图 7 - 3）。（2）空间发展战略。城市总体规划提出了"两轴两带多
中心"的城市空间结构，引导制造业企业向新"中心"集中。这些"中
心"也正是开发区和产业园区集中的区域。随着新"中心"基础设施配
套的不断完善，越来越多的企业向园区集中。北京市通过扶持远近郊区新
产业空间的发展，引导了工业用地郊区化的优化配置。（3）特殊政治需
要。为了保证"绿色奥运"的顺利实现，北京市进一步对制造业郊区化
进行了引导。

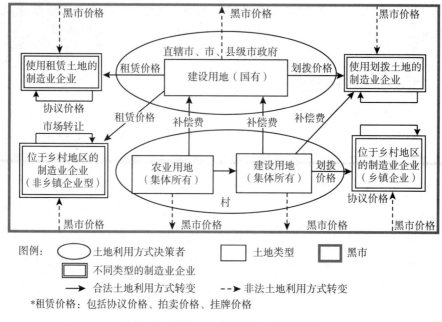

图例： ⬭ 土地利用方式决策者　▭ 土地类型　▢ 黑市
　　　▢ 不同类型的制造业企业
　　　➡ 合法土地利用方式转变　⇢ 非法土地利用方式转变
*租赁价格：包括协议价格、拍卖价格、挂牌价格

图 7－3　制造业企业获取工业用地流程

资料来源：本书作者总结绘制。

　　同时值得注意的是，在现行的体制下，土地供给实际上处于"多头管理"的模式下。城市土地利用方式并不完全由中央政府和省级政府决定，市级政府、区县级政府等都在一定程度上对城市土地利用方式享有支配权。这种多层的审批制度导致了各级地方政府间为争夺建设用地指标，争取企业税收权益而争建开发区。据统计，2004 年北京市由各类工业园区、开发区共计 470 个，总规划面积 840 平方公里。除北京经济技术开发区外，全市共计市级及市级以上审批园区 60 个，区县级审批园区 129 个，乡镇级审批园区 154 个，村级审批园区 126 个。这些园区中，有 132 个分布于"两轴两带多中心"的中心城和新城范围内，总规划面积约 556 平方公里，占全市各类园区规划总面积的 67%。许多区县级、乡镇级、村级园区的审批部门为了增加地方税收，获取经济利益和提升政绩，推出"零地价""负地价"和"以地入股"等方式，吸引制造业企业入驻，带

动制造业企业落户于开发区和工业园区。这一时期，制造业企业在各级园区内集中、大量分布，郊区化趋势明显。2004 年，北京市政府对开发区进行了清理整顿，后共保留园区 28 个。虽然众多区县级、乡镇级和村级被予以撤销或合并，但原有园区内的用地形态并未发生根本性改变，制造业已经呈现了郊区化"大分散、小集中"的分布形态。

予以保留的 28 个开发区，为吸引更多制造业企业落户，着重进行了基础设施建设，为制造业企业入驻提供了良好的环境。开发区内五通一平、七通一平①的基础设施优势和优惠的税收条件成为了吸引制造业企业落户的重要因素。同时，许多开发区还为企业提供了园区内的"一站式服务②"，入园资金扶持政策、人才政策、企业培训政策等多种服务。这些服务使得部分开发区具有较强的吸引力，制造业企业进一步向开发区集聚。

总之，政府通过法定规划控制工业用地供给，进而对制造业企业空间分布进行了限制和引导。早期多头管理的开发区、工业园区利用低廉的地价和独特的供地模式吸引了众多制造业企业入驻，形成了"大分散、小集中"的分布态势。后期经开发区清理整顿后，予以保留的开发区进一步加强自身管理，完善区内基础设施建设并提供一系列的优质服务和税收优惠，进一步导致了开发区成为制造业空间分布的重要载体。

7.4.3　土地流转

制造业郊区化的过程不仅源于中心城区的制造业企业外迁，乡镇企业

---

①　"五通一平"指通水、电、路、气、通讯和平整土地；"七通一平"指通水、通路、通电、通邮、通信、通暖气、通天然气或煤气以及平整土地。

②　一站式服务：指开发区内具备较为完善的配套服务机构，能够提供海关、工商、税务、药监、检验、检疫、公安等一站式的政府服务。同时，园区内具备保税仓库、邮局、电信局、金融服务、消防中心等一系列配套服务设施。

工业化进程加快也是重要因素①。在这一过程中，农用地流转为建设用地起到了重要的推动作用。农用地向建设用地流转由20世纪80年代的财税体制改革所导致。财税体制改革使得地方政府财政预算从中央财政中剥离出来，导致了地方财政亏空。土地的有偿使用使得地方政府认识到"卖地"可以获得收益，用卖地所得的收益政府又可投资基础设施建设，从而优化土地周边环境，使土地价格进一步提升，形成良性循环。1995年前将集体所有的农用地转化为国有建设用地是制造业企业获取土地所采用的最普遍方式，这一过程受控于市一级地方政府。原因在于1988年我国初步建立的土地租赁市场只对国有土地开放，集体土地只有通过流转为国有建设用地之后，才能够进入土地市场进行流通。这意味市一级地方政府对"征地"过程有着绝对的控制权。与此同时，为了限制乡镇级政府的权力范围，市一级政府还通过一系列的手段以保证自己对集体土地绝对的使用权：首先，通过城市规划限制乡镇级政府可使用的规划用地；其次，通过基本农田指标和土地年度供应计划指标的分配增加乡镇级政府的基本农田指标并努力减少其可流转为建设用地的指标。理论上，这一系列政策的实施使得由乡镇级政府主导的农用地向建设用地流转几乎成为了非法的流转方式。在这一时期，市一级地方政府以"公共利益"为名，组建自己的开发公司，发展工业园、开发区，征用农村地区土地，加速了农村地区工业化的进程，推动了制造业郊区化的发展。

1995年后，由集体所有的建设用地、农用地，通过合法或非法的形式划拨给乡镇企业成为主导流转方式。1995年左右，伴随着财税改革，乡镇级政府作为最底层的政府部门陷入了较为严重的财政危机中，乡镇级政府不愿再继续看到自己管辖范围内的集体土地被不断转化为国有建设用地，却在土地转让费中难以分到杯羹——土地转让费中约30%归中央政

---

① 1978~1995年，北京市乡镇企业数、从业人员数和工业总产值分别增加了17.4%、9%和26.9%。1995~2004年，北京市乡镇企业由63 000家发展到151 000家，从业人员数由987 000人发展到1 208 000人，工业总产值由528.9亿元增加到1 702.6亿元。

府所有，其余 70% 在地方政府间分配（通常均留在市一级政府和县级政府，乡镇级政府很难分享到利益）。在财政压力下，村开始绕过乡镇级政府的监管，自行处理土地流转项目。在某些情况下，这些流转可能是合法的，但绝大多数情况下，为了从出让土地的过程中获取更多的利益，这些流转都是较为复杂且不合法的。村一级非法流转土地的方式主要有三：第一，通过瞒报、漏报转让指标，非法将集体所有的土地"出让"给制造业企业。由于乡镇级政府需要靠村级政府上报土地流转量来掌握村级土地发展情况，因此部分村领导会采用瞒报、漏报的方式获取更多的指标，从而非法出让掉漏报部分的土地；第二，以大化小。《土地管理法》规定使用超过 3 亩的农用地，或超过 10 亩的非农用地，需报经乡镇级人民政府。因此，村一级经常将一个大项目划分为几个小项目，以避开需要乡镇级人民政府处理的要求；第三，以乡镇企业的名义。土地管理法对乡镇企业用地始终保持较为沉默的态度，这也给了村一级一定的空间，以乡镇企业为名划拨建设用地给制造业企业。总之，各级政府深刻认识到与农业种植相比，将土地划拨给制造业企业能够获得更多的地租，并取得更多的税收。由此，农用地的急剧减少，乡镇企业快速崛起，这一过程进一步加速了制造业的郊区化。

7.5　小　　结

土地制度是影响城市尺度制造业空间变化的关键因素。通过对北京市制造业空间分布变化特征的分析，发现城市尺度制造业空间格局经历了"极核式—圈层式—点轴式"三个发展阶段。具体包括：制造业空间分布呈现了郊区化特征，东部和东南部形成了专业化产业集中区域，开发区成为了吸纳制造业空间分布的主要载体等。土地制度对这一变化过程影响主要体现在三个方面：第一，土地价格由无偿到有偿加速了工业郊区化进程。渐进性的土地有偿使用制度改革打破了原有单纯行政方式的土地管理体制和土地供应方式，引入了市场经济运行机制，使城市土地的区位优势真正得到了体现。级差地租在土地利用方式重组的过程中起到了关键作用。政府推动"退二进三"的过程就是服从级差地租原则的表现。在此作用下，制造业郊区化过程加速，制造业空间布局不断优化发展。第二，城市总体规划和土地利用总体规划通过确定工业用地的供给方向、供给数量、供给时间等，决定制造业空间布局，同时通过基础设施配套和税收优惠政策积极引导制造业发展方向。第三，土地产权改革以及农用地向建设用地的流转加速了乡村工业化进程，农用地减少和乡镇企业促进了工业郊区化发展。

第 8 章

结论与讨论

8.1 主 要 结 论

8.1.1 制度是影响我国制造业空间变化的重要因素，其影响过程具有"尺度性"

产业区位问题是经济地理学研究的经典问题，从区位理论发展至今，经济地理学者已经对影响产业区位的因素进行了大量的研究。本书的研究表明，制度，尤其是正式制度（公共政策）对于我国制造业空间变化具有重要影响，制度变革所释放的生产力是我国近30年来经济增长的最根本的动力。

制度的影响过程具有空间尺度性。研究认为，任何制度都具有一定的影响尺度。我国的制度工具集可划分为宏观制度工具、中观制度工具、微观制度工具和跨尺度制度工具四种类型。综合分析对我国宏观、中观、微观三个空间尺度具有最关键影响力的制度因子发现：改革开放四十年来，对宏观尺度（国家层面）制造业空间布局影响最为深远的是贸易开放和资本开放等对外开放政策的实施。中观尺度（区域层面）上，中央政府、地方政府和企业之间的权力关系改革是关键的影响因子。而微观尺度（城市层面）上，土地制度，包括土地价格、土地供给和土地流转等制度变迁过程发挥了重要影响。

8.1.2 改革开放以来我国制造业空间变化具有"大分散、小集中"的基本特征

改革开放四十来，我国制造业实现了跨越式发展。制造业经济增长迅速，产业结构不断升级，整体实力显著增强。与之相伴随的，是制造业空间地图的剧烈变化。这一变化主要体现在区域尺度和重点行业两个方面。从空间尺度表现来看，我国制造业空间变化呈现了"大分散、小集中"的总体特征。在宏观尺度主要体现为地区间发展差距逐步扩大，沿海地区成为国家制造业增长的主要推动力，跨区域要素流动与重组不断加快；中观尺度表现为地区工业分工与专业化开始形成，部分区域形成了具有地方特色的区域工业发展集群；微观尺度表现为城市内部工业分布呈现郊区化、园区化特征，工业园区成为区域制造业发展的主要载体。从重点行业发展情况看，通信设备、计算机及其他电子设备制造业，黑色金属冶炼及压延加工业，化学原料及化学制品制造业，交通运输设备制造业是增长贡献率最高的四个行业，其中又以电子信息产业、钢铁产业、化工（乙烯）产业和汽车制造业为典型代表。四个重点行业的空间变化都具有从"遍地开花"到向沿海省份的倾斜的共性特征。

8.1.3 资本和贸易开放促使我国宏观经济格局形成

国家计划经济体制向市场经济体制的改革影响了工业的空间组织，尤其是以资本开放和贸易开放为主要代表的制度变革对我国东部地区的发展起到了主要的推动作用，使我国在国际产业分工中占有一席之地，并在全

球生产、贸易网络中发挥了不可忽视的重要作用。自十一届三中全会确定了实行对外开放、对内搞活经济的重大战略方针后，我国对外开放进程不断加快，由点到面，由浅入深，从南到北，从东到西，逐渐形成了以经济特区和沿海开放城市为重点的全方位、多渠道、多层次的开放格局。在此背景下，跨国公司逐渐成为我国产业空间组织的重要主体。经济全球化下，资本和贸易开放促成了跨国公司的进入，劳动和生产要素密集型部门开始向我国沿海地区扩散，并通过资本积累、技术溢出、贸易网络构建带动了地区经济发展。但由于资本开放和贸易开放政策的空间推进具有不均衡性，在一定程度上导致了区域间资本循环累积效应和技术溢出能力存在差异，致使地区间发展差距逐步扩大，沿海地区成为推动国家经济增长的核心力量，形成了当前的宏观经济格局。

8.1.4　财政和行政分权及企业自主意识增强扩大了地区间经济发展的不平衡性

改革开放以来，我国通过行政、财政、两个主要领域的分权化，进行了"松绑式改革"。实现了"中央向地方下放权力，政府向企业放权让利"的改革目标，扩大了地方的管理权和企业的经营自主权。综合来看，财政权力下放使地方政府开始有了十分明确、独立的经济利益和目标行为；行政权力下放大幅度提升了地方政府的行政能力。在这种背景下，各地方政府纷纷根据本地的资源禀赋条件开展了制度改革的摸索和创新，许多地区实现了经济腾飞。但先进制度方式并不具有普适性，由于各地方政府创新能力、行政能力不均衡，各地区制度创新程度和改革实施力度不均等，辅以不同地区资源禀赋、区位、市场等经济发展条件具有差异性，最终导致了地区间经济发展能力存在差异，区域内部不同城市制造业空间分布不均衡。

8.1.5 土地使用、供给及流转模式变迁促使制造业郊区化和园区化进程明显

土地制度是影响城市尺度制造业空间变化的关键因素，其影响过程主要体现在三个方面：第一，土地价格由无偿到有偿加速了工业郊区化进程。渐进性的土地有偿使用制度改革打破了原有单纯行政方式的土地管理体制和土地供应方式，引入了市场经济运行机制，使城市土地的区位优势真正得到了体现。级差地租在土地利用方式重组的过程中起到了关键作用。政府推动"退二进三"的过程就是服从级差地租原则的表现。在此作用下，制造业郊区化过程加速，制造业空间布局不断优化发展。第二，城市总体规划和土地利用总体规划通过确定工业用地的供给方向、供给数量、供给时间等，决定制造业空间布局，同时通过基础设施配套和税收优惠政策积极引导制造业发展方向。第三，土地产权改革以及农用地向建设用地的流转加速了乡村工业化进程，从而进一步促进了工业郊区化发展。

8.2 我国制造业空间分布存在问题及未来制度调控方向

8.2.1 进一步调整重工业布局，避免大跨度资源调度

回顾改革开放四十年来的发展历程，我国工业布局有所优化，但总体来说，部分重工业，尤其是耗能工业布局仍不尽合理。突出表现在：第一，高能耗工业集中布局在能源相对短缺的东南沿海地区，需要建设远距离能源调配工程以保障生产原料充足，资源大跨度区级调动的压力较大，不利于资源优化配置。第二，部分重化工项目远离原料产地布局，造成运

费增加，运力紧张。如部分火电厂建立在电力负荷中心，远离煤炭基地，使得铁路、港口需要大量集中运力运煤。在国家提出"西电东送"的方针后，东部地区的火电装机容量仍有较大幅度增长，引发了大跨度煤炭资源调度。第三，钢铁企业大多分布在靠近资源和大中型城市的内陆地区，受环境、运输条件、能源供应等多重制约。部分企业需要依赖进口铁矿石资源却布局于内陆地区，出现严重的不经济现象。同时，总体来看整体生产能力与消费能力布局不匹配。内地产能多消费相对少，沿海地区需求量较大产能却不足。第四，石化工业厂址分散，21套装置分布于12个省市，炼化副产品难以集中利用，管理成本较高，严重影响整体竞争实力。同时，西南地区长期缺乏石化工业布局的非均衡格局也需要得到改善。这些问题都需要在政策引导、政府扶持的条件下逐步优化解决。未来一段时期，进一步调整优化重工业布局，避免大跨度资源调配，是地区工业发展和布局的重要工作。

8.2.2 优化沿海地区制造业结构，提升配套服务能力，保障制造业健康发展

我国地带间经济实力的差距继续扩大，区域发展形成了新的格局。沿海地区的经济发展水平明显高于全国平均状态。这在很大程度上得益于外商投资的进入，诸多跨国公司将加工制造环节转移到中国，但流通、营销和服务等环节仍有所保留，使得中国本土的生产性服务业发展相对滞后于制造业进展，无法进一步满足沿海地区先进制造业发展的需求。因此，优化沿海地区制造业结构，提升配套服务能力，将基础性制造业向中西部地区转移，重点发展先进制造业、高新技术产业和现代服务业是经济发展的必然选择。

8.2.3 充分重视地区资源环境承载力评价，警惕"无工不富"的思想误区

财政和行政分权制度改革后，地方经济发展动力明显增强。各地区几

乎无一例外地把对 GDP 增长速度的追求放在了首位，把工业作为发展地区经济的主导力量。国家经济长期超高速增长和政绩考核等综合因素，使一部分决策者和很多地区对两位数的 GDP 增长速度习以为常，个位数的增长速度往往难以为地方领导所接受。地区间不顾条件相互攀比 GDP 总量和增速正在成为一个风气。尽快跨入"万亿元俱乐部"是很多省份的目标和口号。在这种宏观背景下，"工业立省""工业强省""工业兴省""无工不富"等理念成为了各地区的发展模式。

这种思想误区导致很多地区不顾自身资源环境承载力，不顾比较优势、资源条件，不顾产业空间配置基本原则，竞相发展对 GDP 和财政贡献带动大的工业项目，导致无序布局等现象，具体包括：在华北等水资源匮乏地区大规模建设耗水的钢铁、电解铝等重工业项目；在东南沿海等能源供应紧张地区上马高耗能项目；在生态环境脆弱地区过度开采资源，建设工业项目等。区域产业无序布局不仅加大了我国资源环境压力，也是工业粗放型增长长期得不到解决的重要原因。应当清醒地认识到，尽管"世界工厂"的发展模式带来了机遇、外汇盈余和就业，但也导致了"全世界污染中国"的局面，加剧了我国环境问题的严峻程度。在未来发展进程中，应当通过制度手段，积极引导各地按照建设资源节约型和环境友好型社会的要求，结合地区资源环境承载能力，统筹考虑产业发展，正确对待环境问题。

8.2.4 合理规划工业园区，优化城市生产力布局

各地区在大力发展工业的指导思想下，兴办各类开发区或产业园区（清理后或称"工业集中区"），提供土地和税收等优惠政策，扩大招商引资范围，作为地区工业发展的主要载体。但值得注意的是，每个园区中配置什么产业都由各行政主管部门（地方政府）或各园区（开发区管委会）自行决定。除发展较好的国家级开发区和部分省级开发区外，其他地区行政主体出于拉动经济增长，增加税收的需要，往往以招商引资为主要着眼

点，严重忽视园区内的产业内容、结构、性质以及产业关联度和产业先进性。只要企业愿意投资，开发区就会尽量满足企业用地需求。从而导致坐落于各行政区中的各类产业园区中，分布着各种产业类型。所谓园区规划中的"功能分区"成为一纸空文，形成"园区是个筐，什么都往里装"的局面，致使产业集聚效应无法显现。其结果直接导致城市内或城市间的产业布局凌乱、结构趋同、低水平重复建设现象严重。合理规划工业园区，合法落实规划方案，积极优化城市生产力布局应当成为未来一个时期城市产业发展的重要问题之一。

8.2.5　积极应对企业流动，鼓励东部沿海制造业向中西部转移

随着西部大开发、中部崛起等区域发展战略的实施，我国的经济环境发生了一定程度的变化。沿海地区生产力成本和原料成本快速上升，中西部部分省区承接产业转移的工作顺利展开。如《劳动合同法》的出台、出口政策和出口环境的变化等深刻改变了沿海地区集聚企业的生产、经营环境，许多企业选择向内陆迁移，或向劳动力成本更低的东南亚国家转移。在积极应对企业跨省、跨区域流动，鼓励东部沿海地区制造业向中西部转移的同时，也应当重视企业迁出地区的经济环境和劳动力失业问题，保障各地区经济、社会平稳运行。

8.3　进一步研究展望

（1）制造业空间变化受到多因素的综合作用，其中的制度因素又是复杂的、综合的、多变的，仅仅依靠一个模型、几个变量的测量，并无法准确地总结出制度的影响程度和影响机理。虽然研究利用索洛余值法对制度因素对制造业空间变化影响程度进行了测度，但这个测度方法还不能准确剥离出除去技术变迁部分的狭义制度变迁的影响程度，还存在很大的改

善空间。应在未来研究中进一步加强制度环境的定量模拟和测度研究。

（2）本书作者在"制度尺度"的研究框架下，剖析了宏观、中观、微观尺度上影响制造业空间变化的重要因子。但除了对外开放、权力制度改革和土地制度改革之外，劳动力政策、产业政策等也都是能够对制造业空间变化产生深刻影响的重要因子，应在今后的研究中进一步分析这些因子的作用机理，并解析其与对外开放、权力、土地等制度之间的相关性及综合作用机理。

（3）随着改革的不断深入，针对中央政府制定的宏观政策，部分地方政府针对自身的环境进行了一定的转译。在中央政策的大背景下，一些地区建立了适合当地发展的特殊的制度环境。寻找成功案例，并评价特定地区化的特殊政策对制造业空间发展起到了怎样的影响，是今后应予以重视并设法解答的问题。

（4）中国改革开放，事实上是一个"薄"制度化的过程，中央权力下放，减少对地方的管制，在一定程度上促进了经济发展；但另一方面，地方政府也在积极地建立"制度厚度"，如区域形象设计、区域营销等，形成区域的目标与共识。这种情况下，制度的建立变成了一种地方间的竞赛，各地对外商都有优惠政策，一个比一个更优惠，使得各区域不断地增加自己的制度影响力。然而实质上，制度的"厚""薄"与经济发展并没有直接对应的关系，制度往往会在不同区域层次形成不同的发展态势，产生不同的作用结果。因此，如何更好地平衡中央与地方之间的关系，正确把握促进区域经济发展的"精确制度"是未来进一步探讨制度与区域发展的重要问题。

参 考 文 献

［1］蔡良娃．信息化空间观念与信息化城市的空间发展趋势研究．天津大学博士学位论文，2006．

［2］曹广忠，柴彦威．大连市内部地域结构转型与郊区化．地理科学，1998，18（3）：234－241．

［3］崔功豪等．区域分析与规划．北京：高等教育出版社，1999．

［4］陈文娟，蔡人群．广州城市郊区化的进程及动力机制．热带地理，1996，16（2）：122－128．

［5］陈晓，陈雯，王丹．江苏省工业经济时空差异及增长趋同．地理研究，2010，29（7）：1305－1316．

［6］成蓬蓬，吕拉昌．试析珠江三角洲与外围地区的经济差异．广州大学学报（社会科学版），2006，5（3）：66－69．

［7］戴淑庚．论上海市的城市空间置换．城市问题，1994（6）：39－42．

［8］杜江波．中小企业集群的本地网络与外部知识．经济论坛，2004（19）：41－42．

［9］冯健．杭州城市工业的空间扩散与郊区化研究．城市规划汇刊，2002，138（2）：42－46．

［10］方维慰．区域信息化的空间差异与发展模式研究．西北大学博士学位论文，2007．

［11］顾朝林．中国大城市边缘区研究．北京：科学出版社，1995．

[12] 顾朝林，赵令勋．中国高技术产业与园区．北京：中信出版社，2003．

[13] 贺灿飞．外商直接投资区位：理论分析与实证研究．北京：中国经济出版社，2005．

[14] 贺灿飞，梁进社，张华．北京市外资制造企业的区位分析．地理学报，2005，60（1）：122－130．

[15] 贺灿飞，梁进社．中国外商直接投资的区域分异及其变化．地理学报，1999，54（2）：97－105．

[16] 贺灿飞，刘洋．产业地理集聚与外商直接投资产业分布——以北京市制造业为例．地理学报，2006，61（12）：1259－1270．

[17] 贺灿飞，刘洋．产业地理集中研究进展．地理科学进展，2006，25（2）：59－69．

[18] 贺灿飞，谢秀珍．中国制造业地理集中与省区专业化．地理学报，2006，61（2）：212－222．

[19] 胡德．政府权力的空间过程及其影响——基于行政区划视角的中国区域经济考察．华东师范大学博士论文，2007．

[20] 胡序威等．中国沿海城镇密集地区空间集聚与扩散研究．北京：科学出版社，2000．

[21] 黄少安．制度变迁主体角色转换假说及其对中国制度变革的解释——兼评杨瑞龙的"中间扩散型假说"和"三阶段论"．经济研究，1999（1）：66－79．

[22] 黄少安．关于制度变迁的三个假说及其验证．中国社会科学，2000（4）：37－49．

[23] 黄勇峰，任若恩，刘晓生．中国制造业资本存量永续盘存法估计．经济学（季刊），2002，1（2）：377－396．

[24] 江激宇，张士云．中国制造业空间集聚的实证分析．工业经济，2007（4）：40－45．

[25] 贾生华，田家欣，李生校．全球网络、本地网络对集群企业技术

能力的影响．浙江大学学报（人文社会科学版），2008，38（2）：126 –
135.

[26] 金煜，陈钊，陆铭．中国的地区工业集聚：经济地理、新经济
地理与经济政策．经济研究，2006（4）：79 – 89.

[27] 康继军．中国转型期的制度变迁与经济增长．北京：科学出版
社，2009.

[28] 拉坦．诱致性制度变迁理论．上海：上海三联书店，2003.

[29] 李俊锋，王代敬．信息化对企业空间结构的影响．中国西部科
技，2007（11）：17 – 18.

[30] 李文彦等．中国工业地理．北京：科学出版社，1990.

[31] 李艳娜，陶陶．重庆市经济发展水平的区域差异研究．地域研
究与开发，1999，18（1）：77 – 79.

[32] 李子奈，鲁传一．管理创新在经济增长中贡献的定量分析．清
华大学学报（哲学社会科学版），2002（2）：25 – 31.

[33] 林毅夫．关于制度变迁的经济学理论：诱致性变迁与强制性变
迁．财产权利与制度变迁．上海人民出版社，1994.

[34] 林毅夫，蔡昉，李周．论中国经济改革的渐进式道路．经济研
究，1993（9）：3 – 11.

[35] 刘安国，杨开忠．新经济地理学理论与模型评介．经济学动态，
2001（12）：67 – 72.

[36] 刘继生，张文奎，张文忠．区位论．南京：江苏教育出版社，
1994.

[37] 刘涛．对 FDI 空间分布、地域结构变化动态及其影响因素实证
分析——以山东省为例．山东大学学报，2007（6）：103 – 110.

[38] 刘卫东．论全球化与地区发展之间的辩证关系——被动嵌入．
世界地理研究，2003，12（1）：1 – 9.

[39] 刘卫东，刘红光，唐志鹏等．商品出口对我国区域经济增长和
产业结构转型的影响分析．地理学报，2010，65（4）：407 – 415.

［40］刘卫东，马丽，刘毅．经济全球化对我国区域发展空间格局的影响．地域研究与开发，2003a，22（6）：11－16．

［41］刘卫东，张国钦，宋周莺．经济全球化背景下中国经济发展空间格局的演变趋势研究．地理科学，2007，27（5）：609－616．

［42］刘卫东，甄峰．信息化对社会经济空间组织的影响研究．地理学报，2004（59）：67－76．

［43］刘再兴．中国工业布局学．北京：中国人民大学出版社，1981．

［44］陆大道等．2002中国区域发展报告．北京：商务印书馆，2003．

［45］陆大道．中国工业布局的理论与实践．北京：科学出版社，1990．

［46］陆大道．中国区域发展的新因素与新格局．地理研究，2003（5）：261－271．

［47］罗能生．义利的均衡——现代经济伦理研究．长沙：中南工业大学出版社，1998．

［48］吕拉昌，魏也华．新经济地理学中的制度转向与区域发展．经济地理，2005（4）：437－441．

［49］吕卫国．转型期南京市制造业郊区化及区位选择．长江流域资源与环境，2010，19（2）：120－126．

［50］马建．经济增长中的制度因素分析．上海经济研究，1999（8）：2－7．

［51］年福华，姚士谋．信息化与城市空间发展趋势．世界地理研究，2002，11（1）：72－77．

［52］欧向军．江苏省县域经济差异演变的结构分析．地域研究与开发，2005，24（2）：25－29．

［53］欧向军，沈正平，朱传耿．江苏省区域经济差异演变的空间分析．经济地理，2007，27（1）：78－83．

［54］欧阳南江．改革开放以来广东省区域差异的发展变化．地理学报，1993，48（3）：204－217．

［55］齐超. 制度变迁动力理论研究. 吉林大学博士学位论文, 2009.

［56］青木昌彦. 比较制度分析. 上海: 上海远东出版社, 2001.

［57］任志成, 张二震. FDI 对中国就业的影响: 一个文献综述. 南京社会科学, 2007 (11): 1-6.

［58］石岩. 社会资本对产业集群的效应研究——以福州经济技术开发区为个案. 福州大学硕士学位论文, 2005.

［59］孙辉, 支大林, 李宏瑾. 对中国各省资本存量的估计及典型性事实: 1978-2008. 广东金融学院学报, 2010, 25 (3): 103-116.

［60］陶来利, 周恺, 朱杰. 我国制造业空间集聚特征研究. 安徽农业科学, 2007, 35 (4): 1254-1256.

［61］汪海波. 新中国工业经济史 (1979~2000). 北京: 经济管理出版社, 2004.

［62］王核成, 姜秀勇. 本地网络、外部知识联系及浙江传统产业集群升级探讨. 经济论坛, 2007 (2): 16-18.

［63］王辑慈. 现代工业地理学. 北京: 中国科学技术出版社, 1994.

［64］王缉慈. 产业集群和工业园区发展中的企业邻近与集聚辨析. 中国软科学, 2005 (12): 91-98.

［65］王缉慈等. 创新的空间. 北京: 北京大学出版社, 2001.

［66］王缉慈等. 超越集群——中国产业集群的理论探索. 北京: 科学出版社, 2010.

［67］王霞. FDI 影响中国制度变迁的理论模型——基于强制性制度变迁视角. 经济问题, 2010 (2): 54-58.

［68］王兴平. 中国城市新产业空间-发展机制与空间组织. 北京: 科学出版社, 2005.

［69］王业强, 魏后凯. 产业地理集中的时空特征分析——以中国 28 个两位数制造业为例. 统计研究, 2006 (6): 28-33.

［70］魏后凯. 区域经济发展的新格局. 昆明: 云南人民出版社, 1995.

［71］魏后凯．可持续协调发展．广州：广东经济出版社，2001．

［72］魏后凯．区域发展战略与区域政策，陆大道等著．中国区域发展的理论与实践．北京：科学出版社，2003．

［73］魏后凯等．中国产业集聚与集群发展战略．北京：经济管理出版社，2008．

［74］魏心镇．工业地理学．北京：北京大学出版社，1982．

［75］向希尧，朱伟民．产业集群中社会资本的作用研究．工业技术经济，2006，25（6）：4－7．

［76］徐朝晖，赵伟．中国区域经济国际开放指数探讨．统计与决策，2005，197（9）：6－8

［77］薛普文．创新发展与社会资本：高新技术产业园区的发展策略．城市规划汇刊，2000（5）：12－18．

［78］阎小培．信息产业与城市发展．北京：科学出版社，1999．

［79］杨洪焦，孙林岩，吴安波．中国制造业聚集度的变动趋势及其影响因素研究．中国工业经济，2008，241（4）：64－71．

［80］杨开忠，邓静．中关村科技园区空间布局研究．城市规划汇刊，2001，131（1）：26－30．

［81］杨小凯，张永生．新兴古典经济学与超边际分析．北京：社会科学文献出版社，2003．

［82］杨艳琳，李魁．社会资本视角的我国产业集群发展分析．浙江学刊，2006（6）：160－165．

［83］原利侠．信息化对东北传统制造业产业链改造的影响及对策研究．哈尔滨理工大学硕士学位论文，2006．

［84］张卉．产业分布、产业集聚和地区经济增长：来自中国制造业的证据．复旦大学博士学位论文，2007．

［85］张军．需求、规模效应与中国国有工业的亏损模式．经济研究，1998（6）．

［86］张军．中国的工业改革与经济增长：问题与解释．上海：上海

三联书店，上海人民出版社，2003.

[87] 张军，吴桂英，张吉鹏. 中国省级物质资本存量估算：1952～2000. 经济研究，2004（10）.

[88] 张可云. 区域经济政策. 北京：商务印书馆，2005.

[89] 张其仔. 社会资本论. 北京：社会科学文献出版社，1997.

[90] 张同升，梁进社，宋金平. 中国制造业省区间分布的集中与分散研究. 经济地理，2005，25（3）：315－319.

[91] 张晓平，刘卫东. 开发区与我国城市空间结构演进及其动力机制. 地理科学，2003（4）：142－149.

[92] 赵洪蕾. 中国制造业集聚水平及影响因素分析. 吉林大学硕士学位论文，2007.

[93] 赵辉. FDI 集中化对长三角区域产业发展的影响. 利用外资，2006（2）：53－57.

[94] 赵丽，孙林岩，杨洪焦. 中国制造业区域极化的演化趋势分析. 统计与决策，2007（23）：95－97.

[95] 甄峰，刘晓霞，刘慧. 信息技术影响下的区域城市网络：城市研究的新方向. 人文地理，2007，94（2）：76－82.

[96] 甄峰，张敏，刘贤腾. 全球化、信息化对长江三角洲空间结构的影响. 经济地理，2004，24（6）：748－752.

[97] 甄峰. 信息时代区域发展战略及其规划探讨. 城市规划汇刊，2001，136（6）：61－65.

[98] 甄峰. 信息时代新空间形态研究. 地理科学进展，2004，23（3）：16－25.

[99] 中国汽车工业史编审委员会. 中国汽车工业史（1901－1990）. 北京：人民交通出版社，1996.

[100] 中国社会科学院工业经济研究所. 2008 中国工业发展报告——中国工业改革开放 30 年. 北京：经济管理出版社，2008.

[101] 中国社会科学院工业经济研究所. 2009 中国工业发展报告——

新中国工业 60 年. 北京：经济管理出版社，2009.

［102］周文. 产业空间集聚机制理论的发展. 经济科学，1999（6）：96 - 101.

［103］周春山. 广州市人口变动地域类型特征研究. 经济地理，1996，16（2）：25 - 30.

［104］周一星. 北京的郊区化及其引发的思考. 地理科学，1996，16（3）：198 - 208.

［105］周一星. 城市地理学. 北京：商务印书馆，1997.

［106］周一星，孟延春. 沈阳的郊区化——兼论中西方郊区化的比较. 地理学报，1997，52（4）：289 - 299.

［107］朱孔来，刘善凤. 山东省东西部地区差距衡量指标体系及测算分析. 地理学与国土研究，2000，16（3）：87 - 91.

［108］朱晓明. 开发区规划研究. 北京：海洋国际出版社，2000.

［109］Adam S. The Wealth of Nations. Great Britain：The Chaucer Press. 1776.

［110］Alesina A., Ozler S., Roubini N. et al. Political instability and economic growth. Journal of Economic Growth, 1992, 1（2）：189 - 211.

［111］Amin A., Thrift N. Neo - Marshallian nodes in global networks. International Journal of Urban and Regional Research, 1992（16）：571 - 587.

［112］Amin A., Thrift N. Globalisation, institutional thickness and the local economy. In Healey P, Cameron. The New Urban Context. Manageing Cities, 1995：91 - 108.

［113］Armstrong H., Taylor J. Regional Economics and Policy（3rd Edition）. Oxford：Blackwell Publishers. 2000.

［114］Barro J. Democracy and growth. Journal of Economic Growth, 1996, 1（1）：1 - 27.

［115］Bauder H., Sharpe B. Labor market marginalization of youth in San

Antonia, Texas. The Professional Geographer, 2000 (52): 531 –543.

[116] Bauder H. Culture in the labor market: segmentation theory and perspectives of place. Progress in Human Geography, 2001 (25): 37 –52.

[117] Calvert R. Rational Actors, Equilibrium, and Social Institutions. In K. Jack and S. Itai (Eds.), Explaining Institutions. Ann Arbor: University of Michigan Press, 1995: 57 –93.

[118] Camagni R. Innovation Networks: Spatial Perspectives. London: Belhaven Press, 1991.

[119] Carlsson F., Lundstrom S. Economic freedom and growth: decomposing the effects. Public Choice, 2002 (112): 335 –344.

[120] Chowdhurie – Aziz M. Political openness and economic performance. Unpublished Paper. University of Minnesota, 1997.

[121] Coase R. The nature of the firm. Economica, 1937, 16 (4): 386 – 405.

[122] Collinge C. Self-organisation of society by scale: a spatial reworking of regulation theory. Environment and Planning D: Society and Space, 1999 (17): 557 –574.

[123] Commons J. Institutional Economics. New York: Macmillan, 1934.

[124] Commons J. Institutional Economics. Its Place in Political Economy. USA: Transaction Publishers, 1990.

[125] Cooke N., Morgan K. The network paradigm: new departures in corporate and regional development. Environment and Planning D: Society and Space, 1993 (11): 543 –64.

[126] Cooke P. Planet Europa: network approaches to regional innovation and technology management. Technology Management, 1995 (2): 18 –30.

[127] D'Arcy É, Guissani B. Local economic development: managing the parameters? Entrepreneurship and Regional Development, 1996 (8): 159 – 178.

[128] David R. Principles of Political Economy and Taxation. Cambridge: Cambridge University Press, 1817.

[129] Davis L., North D. Institutional Change and American Economic Growth. Cambridge: Cambridge University Press, 1971.

[130] De Hann J., Siermann J. Further evidence on the relationship between economic freedom and economic growth. Public Choice, 1998 (95): 363 – 380.

[131] Dicken P. Reshaping the Global Economic Map in the 21st Century (Fourth Edition). London: Thousand Oaks and New Delhi, 2003.

[132] Dicken P., Thrift N. The organization of production and the production of organization: why business enterprises matter in the study of geographical industrialization. Transactions, Institute of British Geographer, 1992 (17): 279 – 291.

[133] Ding C. Land policy reform in China: assessment and prospects. Land Use Policy, 2003 (20): 109 – 120.

[134] Dowall D. Establishing urban land market in the People's Republic of China. Journal of the American Planning Association (Spring), 1993 (12): 182 – 192.

[135] Easterly W., Levine R. Tropics, germs and crops: how endowments influence economic development. National Bureau of Economic Research, Working Paper, 2002, 9106.

[136] Eberts D., Randall E. Producer services, labor market segmentation and peripheral regions: the case of Saskatchewan. Growth and Change, 1998 (29): 401 – 422.

[137] Ettlinger N. Labor market and industrial change: the competitive advantage and the challenge of harnassing diversity. Competition and Change, 2000 (4): 171 – 210.

[138] Fan C. Migration and labor-market returns in urban China: results

from a recent survey in Guangzhou. Environment and Planning A, 2001 (33):
479 – 508.

[139] Feldman P. , Florida R. The geographic sources of innovation: technological infrastructure and product innovation in the United States. Annals of the Association of American Geographers, 1994, 84 (2): 210 – 229.

[140] Forrant R. , Flynn E. Seizing agglomeration's potential: the greater Springfield Massachusetts metal-working sector in transition, 1986 – 1996. Regional Studies, 1998 (32): 209 – 22.

[141] Fujita M. , Krugman P. , Venables J. The spatial economy: cities, regions, and international trade. London: The MIT Press, 1999.

[142] Fukuyama F. Trust: The Social Virtue and the Creation of Prosperity. London: Hamish Hamilton, 1995.

[143] Goddard J. Universities and economic development in England. Paper presented at the EUNIT international conference on 'Industry, innovation and territory', Lisbon, 1997, March 20 – 22.

[144] Grabher G. The embedded firm: the socioeconomics of industrial networks. London: Routledge, 1993.

[145] Granovetter M. Economic action and social structure: the Problem of embededness. American Journal of Sociology, 1985 (91): 481 – 510.

[146] Grbahe G. The embedded firm: the sociceconomnics of industrial networks. London: Routledge, 1993.

[147] Gwartney J. , Lawson R. , Block W. Economic freedom of the world 2001 annual report. Vancouver: The Fraser Institute, 1996.

[148] Hall E. , Jones I. Why do some countries produce so much more output per worker than others? Quarterly Journal of Economics, 1999, 114 (1): 83 – 116.

[149] Harrison W. Markets, Networks and Control. In Lindenberg & Schreuder, 1993.

[150] Heckscher E. The Effect of Foreign Trade on the Distribution of Income. Ekonomisk Tidskrift, 1919 (21): 1 – 32.

[151] Helliwell J. Empirical linkages between democracy and economic growth. British Journal of Political Science, 1994 (24): 225 – 248.

[152] Hermelin B. Professional business services. Conceptual framework and a Swedish case study. In Geografiska Regionstudier 30. Uppsala: Uppsala University, 1997.

[153] Herod A. The practice of international labor soloidarity and the geography of the global economy. Economic Geography, 1995 (71): 341 – 363.

[154] Hiebert D. Local geographies of labor market segmentation: Montreal, Toronto, and Vancouver. Economic Geography, 1999 (75): 339 – 369.

[155] Hoover M. Location Theory and the Shoes and Leather Industry. Cambridge: Harvard University Press, 1937.

[156] Hoover M. The Location of Economic Activity. New York: McGraw ~ Hill, 1948.

[157] Hotelling, H. Stability in Competition. Economic Journal, 1929 (3): 41 – 57.

[158] Humhrey J., Schmitz H. Governance and upgrading: Linking industrial cluster and global value chain research. Brighton: Institute of Development Studies, 2000.

[159] Hurwicz L. Toward a framework for analyzing institutions and institutional change. In S. Bowles, H. Gintis, and B. Gustafsson (Eds.), Markets and democracy: Participation, accountability and efficiency. Cambridge: Cambridge University Press, 1993: 51 – 67.

[160] Hurwicz L. Institutions as families of game forms. Japanese Economic Review, 1996, 47 (2): 113 – 132.

[161] Isard W. Location and Space Economy. Cambridge: MIT Press. 1956.

［162］Jaggers K. , Gurr R. Tracking democracy's third wave with the polity III data. Journal of Peace Research, 1995（32）: 469 – 482.

［163］Jessop B. Institutional returns and the strategic-relational approach. Environment and Planning A, 2001（33）: 1213 – 1235.

［164］Jones – Evans D. , Klofsten M. Universities and local economic development: the case of Linköping. European Planning Studies, 1997（5）: 77 – 93.

［165］Kaufmann D. , Kraay A. , Zoiodo – Lobaton P. Governance Matters. World Bank Working Paper, 1999: 2196.

［166］Krugman P. Geography and Trade. Cambridge, Mass: MIT Press, 1991a.

［167］Krugman P. Increasing Returns and Economic Geography. Journal of Political Economy, 1991b（99）: 483 – 499.

［168］Krugman P. Development, Geography, and Economic Theory. MA: MIT Press, 1995.

［169］Krugman P. Whats new about the New Economic Geography. Oxford Review of Economic Policy, 1998（2）: 7 – 17.

［170］Lee R. , Wills J. , editors. Geographies of Economics. London: Arnold, 1997.

［171］Li Linghin. Urban Land Reform in China. New York: St. Martin's Press, 1999.

［172］Liu W. , Dicken P. Transnational corporations and 'obligated embeddedness': foreign direct investment in China's automobile industry. Environment and Planning A, 2006（38）: 1229 – 1247.

［173］Lung Y. , Rallet A. , Torre, A. Innovative activity and geographical proximity. Paper presented at the 36th European Congress for the European Regional Science Association, Zürich, 1996, August 26 – 30.

［174］MacPherson A. The role of producer service outsourcing in the innovation performance of New York State manufacturing firms. Annals of the Association of American Geographers, 1997 (87): 52 –71.

[175] Malmberg A. Industrial geography. Progress in Human Geography, 1994 (18): 532 –540.

[176] Malmberg A. Industrial geography: agglomeration and local milieu. Progress in Human Geography, 1996 (20): 392 –403.

[177] Malmberg A. Industrial geography: location and learning. Progress in Human Geography, 1997 (21): 573 –582.

[178] Malmberg A. , Sölvell Ö, Zander I. Spatial clustering, local accumulation and knowledge and firm competitiveness. Geografiska Annaler, 1996 (78) B: 85 –97.

[179] Martin R. Institutional approaches in economic geography. In Barnes, T. eds. Companion to Economic Geography. Blackwell: Oxford. 2000, 77 –94.

[180] Maskell P. Low-tech competitive advantages and the role of proximity: the Danish wooden furniture industry. European Urban and Regional Studies, 1998 (5): 99 –118.

[181] Mellinger D. , Sachs D. , Gallup L. Climate, coastal proximity, and development. Oxford Handbook of Economic Geography. Oxford: Oxford University Press, 2000, P191.

[182] Milgrom P. , North D. , Weingast B. The role of institutions in the revival of trade: the law merchant, private judges and the champagne fairs. Economics & Politics, 1990, 2 (1): 1 –23.

[183] Mullings B. Sides of the same coin? Coping and resistance among Jamaican data-entry operators. Annals of the Association of American Geographers, 1999 (89): 290 –311.

[184] Nelson A. , Singh D. Democracy, economic freedom, fiscal policy and growth in LDCs: a fresh look. Economic Development and Cultural Change,

1998, 46 (4): 677－696.

[185] Ning. Y. , Yan Z. The Changing Industrial and Spatial Structure in Shanghai. Urban Geography, 1995, 16 (7): 577－594.

[186] North D. Institutions, Institutional Change and Economic Performance. New York and London: Cambridge University Press, 1990.

[187] North D. Economic performance through time. The American Economic Review, 1994, 84 (3): 359－368.

[188] North D. , Thomas R. The Rise of the Western World: A New Economic History. Cambridge: Cambridge University Press, 1937.

[189] Ohlin B. Interregional and international trade. Cambridge: Harvard University Press, 1933.

[190] Ostrom E. Governing the Commons. Cambridge: Cambridge University Press, 1990.

[191] Pinch S. , Henry N. Discursive aspects of technological innovation: the case of the British motor-sport industry. Environment and Planning A, 1999 (31): 665－682.

[192] Poter M. Clusters and the New Economics of Competition. Harvard Business Review, 1998: 98.

[193] Pratt G. From registered nurse to registered nanny: discursive geographies of Filipina domestic workers in Vancouver, BC. Economic Geography, 1999 (75): 215－236.

[194] Putnam D. , Leonardi R. , Nanetti Y. Making Democracy Work. In Civic Traditions in Modern Italy. Princeton, NJ: Princeton University Press, 1993.

[195] Pyke F. , Sengenberger W, editors. Industrial Districts and Local Economic Regeneration. Geneva: International Institute for Labour Studies, 1992.

[196] Rodric D. Understanding economic policy reform. Journal of Eco-

nomic Literature, 1995 (34): 9 – 41.

[197] Rodric D. Institutions and economic performance in East and South Asia. Round Table Conference: The Institutional Foundations of Economic Development in East Asia, Tokyo: 391 – 429.

[198] Rodric D. Institutions for high quality growth: what they are and how to acquire them. National Bureau of Economic Research. Working Paper, 2000, 7540.

[199] Saxenian A. Regional Advantage: Culture and Competition in Silicon Valley and Route 128. Cambridge, MA, and London: Harvard University Press, 1994.

[200] Saxenian A. Regional Advantage: Culture and Competition. Cambridge: Harvard University Press, 1996.

[201] Schotter A. The economic theory of social institutions. Cambridge: Cambridge University Press, 1981.

[202] Schultz T. Institution and the Rising Economic Value of Man. American Journal of Agricultural Economics, 1968.

[203] Scully W. Economic freedom, government policy and the trade-off between equity and economic growth. Public Choice, 2002 (113): 77 – 96.

[204] Smith D. Industrial Location: An Economic Geographical Analysis. New York: John Wiley & Sons, 1971.

[205] Solow R M. Technical change and the aggregate production function. Review of Economics and Statistics, 1957 (39): 312 – 320.

[206] Storper M. The resurgence of regional economies, ten years later: the region as a nexus of untraded interdependencies. European Urban and Regional Studies, 1995 (2): 191 – 221.

[207] Strum E. , De Haan J. How robust is the relationship between economic freedom and economic growth? Applied Economics, 2001 (33): 839 – 844.

［208］Sugden R. The Economics of Rights， Cooperation and Welfare. London：Blackwell，1986.

［209］Sugden R. Spontaneous order. Journal of Economic Perspective，33 (4)：85 – 97.

［210］Thomas J. The effect of State Policies on the location of Manufacturing：Evidence from state borders. Journal of Political Economy，1998 (106)： 667 – 705.

［211］Thrift N.，Olds K. Refiguring the economic in economic geography. Progress in Human Geography，1996 (20)：311 – 337.

［212］Veblen T. The Theory of the Leisure Class. New York：Macmillan. 1899.

［213］Weber A. 1909. 李刚剑等译. 工业区位论. 北京：商务印书馆，1997.

［214］Willianmson O. The Economic Institutions of Capitalism. New York： The Free Press. 1985.

［215］Yeung H. Critical reviews of geographical perspectives on business organizations and the organization of production：towards a network approach. Progress in Human Geography，1994 (18)：460 – 490.

［216］Yeung H. Organizing 'the firm' in industrial geography I：networks，institutions and regional development. Progress in Human Geography， 2000 (24)：301 – 15.

［217］Young P. Individual Strategy and Social Structure：An Evolutionary Theory of Institutions. Princeton：Princeton University Press. 王勇译. 个人策略与社会结构：制度的演化理论. 上海：上海人民出版社，2008.